AF276310

COLEX

Disfrute gratuitamente **DURANTE UN AÑO** de los eBook y audiolibros de las obras de Editorial Colex*

⊛ Acceda a la página web de la editorial **www.colex.es**

⊛ Identifíquese con su usuario y contraseña. En caso de no disponer de una cuenta regístrese.

⊛ Acceda en el menú de usuario a la pestaña «Mis códigos» e introduzca el que aparece a continuación:

RASCAR PARA VISUALIZAR EL CÓDIGO

Jubilación del autónomo. Paso a paso

⊛ Una vez se valide el código, aparecerá una ventana de confirmación y su eBook y/o audiolibro estará disponible **durante 1 año desde su activación** en la pestaña «Mis libros» en el menú de usuario.

---

* Los audiolibros están disponibles en las ediciones más recientes de nuestras obras. Se excluyen expresamente las colecciones «Códigos comentados», «Biblioteca digital» y los productos de www.vademecumlegal.es.

No se admitirá la devolución si el código promocional ha sido manipulado y/o utilizado.

¡Gracias por confiar en nosotros!

La obra que acaba de adquirir incluye de forma gratuita la versión electrónica. Acceda a nuestra página web para aprovechar todas las funcionalidades de las que dispone en nuestro lector.

Funcionalidades eBook

Acceso desde cualquier dispositivo con conexión a internet

Idéntica visualización a la edición de papel

Navegación intuitiva

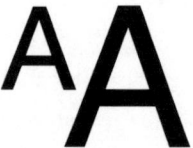

Tamaño del texto adaptable

Síguenos en:

JUBILACIÓN DEL AUTÓNOMO

Guía paso a paso para conocer las claves de
la pensión de jubilación para el autónomo

JUBILACIÓN DEL AUTÓNOMO

Guía paso a paso para conocer las claves de
la pensión de jubilación para el autónomo

EDICIÓN 2024

**Obra realizada por el Departamento de
Documentación de Iberley**

COLEX 2024

© Editorial Colex, S.L.
Calle Costa Rica, número 5, 3.º B (local comercial)
A Coruña, 15004, A Coruña (Galicia)
info@colex.es
www.colex.es

I. S. B. N.: 978-84-1194-690-2
Depósito legal: C 1537-2024

SUMARIO

0.
INTRODUCCIÓN

La jubilación de los trabajadores autónomos en España es un tema de gran relevancia y complejidad dado que estos profesionales deben cumplir con una serie de requisitos específicos para acceder a las prestaciones de la Seguridad Social. Este libro tiene como objetivo proporcionar una guía completa sobre la jubilación de los autónomos, abordando desde las prestaciones disponibles hasta los requisitos y procedimientos necesarios para su obtención. Para ello hemos desarrollado los siguientes **bloques**:

1. Breve repaso sobre las prestaciones de la Seguridad Social para autónomos y sus requisitos generales

Los trabajadores autónomos en España están incluidos en el Régimen Especial de Trabajadores Autónomos (RETA), el cual les otorga acceso a diversas prestaciones de la Seguridad Social, siempre y cuando cumplan con ciertos requisitos. Estas prestaciones incluyen la jubilación, incapacidad temporal y permanente, nacimiento y cuidado del menor, entre otras. En este punto desarrollaremos:

Para acceder a las prestaciones del RETA, los autónomos deben cumplir con una serie de normas genéricas, entre las que se incluyen:

- **Hecho causante de la prestación:** el autónomo debe encontrarse en una situación que justifique la prestación, como alcanzar la edad de jubilación o sufrir una incapacidad.

- **Obligación de afiliación y alta:** es imprescindible que el autónomo esté afiliado y dado de alta en el RETA.

- **Obligación de hallarse al corriente en el pago de cuotas:** un autónomo que tenga deudas con la Seguridad Social no podrá acceder a la pensión de jubilación hasta regularizar su situación.

Además de la jubilación, el RETA ofrece otras prestaciones importantes que veremos como complemento a la obra, tales como:

- **Prestaciones por nacimiento de hijo y riesgo durante el embarazo o lactancia natural:**

  - Nacimiento y cuidado de menor: prestaciones económicas y permisos para el cuidado de hijos recién nacidos.

  - Riesgo durante el embarazo o lactancia natural: prestaciones para proteger la salud de la madre y el hijo.

- **Prestación de incapacidad permanente:**
  - Incapacidad permanente parcial para la profesión habitual: prestación para aquellos que pueden seguir trabajando con ciertas limitaciones.
  - Incapacidad permanente total para la profesión habitual: prestación para aquellos que no pueden continuar en su profesión habitual.
- **Asistencia sanitaria y prestación de incapacidad temporal: cobertura médica y prestaciones económicas durante periodos de incapacidad temporal.**
- **Prestaciones por muerte y supervivencia: prestaciones para los familiares en caso de fallecimiento del autónomo.**
- **Prestación económica de cese de actividad: prestación para autónomos que cesan su actividad de manera involuntaria.**
- **Cuidado de menores afectados por cáncer u otra enfermedad grave: prestaciones específicas para el cuidado de menores con enfermedades graves.**

2. Cotización del autónomo y su incidencia en la prestación por jubilación

La cotización es un aspecto crucial para determinar la cuantía de la pensión de jubilación de los autónomos. Todos los autónomos están obligados a cotizar para la jubilación, y la base de cotización elegida influye directamente en la cuantía de la prestación.

Partiendo de la cotización al RETA y su regularización anual veremos:

- **Cotización al RETA:** la cuota de autónomos se calcula en función de la base de cotización elegida.
- **Influencia de la base de cotización en la prestación de jubilación:** la base de cotización elegida influye directamente en la cuantía de la pensión de jubilación.
- **Posibilidad de cotizar en un tramo superior al que corresponde:** los autónomos pueden optar por cotizar en un tramo superior para aumentar su futura. pensión.

3. ¿Cómo funciona la jubilación de los autónomos?

La jubilación de los autónomos tiene sus propias peculiaridades y requisitos específicos, que se detallarán de forma específica en los siguientes capítulos:

- **Jubilación ordinaria del autónomo:** requisitos de edad y cotización para acceder a la jubilación ordinaria.
- **Jubilación anticipada:** posibilidades y requisitos para la jubilación anticipada.
- **Jubilación parcial:** opciones para la jubilación parcial de los autónomos.
- **Jubilación demorada:** beneficios de retrasar la jubilación más allá de la edad ordinaria.

- Jubilación habiendo cotizado en régimen general y autónomos.

4. Continuidad de la actividad tras la jubilación

Es posible que los autónomos continúen trabajando después de jubilarse, y existen normativas específicas que regulan esta situación. Dentro de este punto veremos tres aspectos de actualidad:

- Jubilación del autónomo y compatibilidad de la pensión con la actividad.
- Jubilación del autónomo y mero mantenimiento de la titularidad del negocio.
- Jubilación del autónomo y ejercicio de la actividad como profesional colegiado.

5. Cierre del negocio por jubilación

El cierre del negocio por jubilación implica una serie de trámites y consideraciones legales a efectos laborales que se abordarán en este capítulo.

6. Cómo calcular la pensión de jubilación del autónomo

Se proporcionarán herramientas y métodos para calcular la pensión de jubilación de los autónomos, incluyendo las pensiones mínimas y las novedades legislativas.

7. Complemento de pensiones contributivas para la reducción de la brecha de género

Se explicarán los complementos disponibles para reducir la brecha de género en las pensiones contributivas.

8. Complementos por mínimos en las pensiones

Requisitos y procedimientos para acceder a los complementos por mínimos en las pensiones.

9. ¿Cómo solicitar la pensión de jubilación?

Vemos paso a paso cómo solicitar la pensión de jubilación.

10. ¿Cómo hacer reclamaciones a la Seguridad Social en caso de disconformidad con la pensión de jubilación o su denegación?

Procedimientos y recursos disponibles para reclamar ante la Seguridad Social en caso de disconformidad con la pensión de jubilación.

1.
BREVE REPASO SOBRE LAS PRESTACIONES DE LA SEGURIDAD SOCIAL PARA AUTÓNOMOS Y SUS REQUISITOS GENERALES

El RETA cubre asistencia sanitaria, incapacidad, nacimiento y cuidado del menor, jubilación y muerte, excluyendo desempleo.

1.1. Acción protectora en el RETA

La acción protectora del Régimen Especial de Seguridad Social de los Trabajadores por Cuenta Propia o Autónomos (RETA) comprenderá lo establecido en el art. 42 de la LGSS para el Régimen General, con excepción de la protección por desempleo y las prestaciones no contributivas (arts. 155 de la LGSS, 26 de la LETA y Real Decreto 1273/2003, de 10 de octubre):

	...	Mismas condiciones que RGSS
Prestaciones en el RETA	1. Asistencia sanitaria en los supuestos de maternidad, enfermedad común o profesional y accidentes, sean o no de trabajo.	SÍ
	2. Incapacidad temporal.	SÍ (particularidades)
	3. Maternidad/paternidad.	SÍ (particularidades)
	4. Riesgo durante el embarazo y durante la lactancia.	SÍ (particularidades)
	5. Incapacidad permanente.	SÍ (particularidades)
	6. Jubilación.	SÍ (particularidades)

			Mismas condiciones que RGSS
Prestaciones en el RETA	7. Muerte y supervivencia.	Auxilio por defunción.	SÍ
		Viudedad.	
		Prestación temporal de viudedad.	
		Pensión de orfandad.	
		Pensión vitalicia o, en su caso, subsidio temporal a favor de familiares.	
		Muerte causada por accidente de trabajo o enfermedad.	
	8. Contingencias profesionales.		NO
	9. Cese de actividad profesional (paro de los trabajadores autónomos).		NO
	10. Servicios sociales (serán las prestaciones establecidas legalmente y, en todo caso, comprenderá las prestaciones en materia de reeducación, de rehabilitación de personas con discapacidad, de asistencia a la tercera edad y de recuperación profesional).		Las establecidas legalmente
	11. Prestaciones familiares.		NO Únicamente modalidad no contributiva
	12. Asistencia social.		SÍ
	13. Cuidado de menores afectados por cáncer u otra enfermedad grave (art. 190-192 de la LGSS).		SÍ (particularidades)

En materia de jubilación, como iremos desarrollando a lo largo de la obra, se aplicará a los autónomos lo dispuesto con carácter general para el RGSS en:

- Requisitos de edad y período mínimo de cotización para el acceso a la jubilación ordinaria (art. 205 de la LGSS).

- Jubilación anticipada por razón de la actividad (art. 206 de la LGSS).

- Jubilación anticipada en caso de discapacidad (art. 206 bis de la LGSS).

- Jubilación anticipada por voluntad del interesado (art. 208 de la LGSS).

- Cálculo de la base reguladora de la pensión de jubilación [arts. 209 de la LGSS, excepto el apartado 1.b), y 210 de la LGSS].

- Incompatibilidades (art. 213 de la LGSS).

- Envejecimiento activo (art. 214 de la LGSS).

- Compatibilidad de la pensión de jubilación con la actividad artística (art. 249 quater de la LGSS).

- Aplicación gradual de coeficientes reductores de la edad de jubilación según lo previsto en el artículo 210.3 cuando la pensión supere el límite establecido para el importe de las pensiones (D.T. 34.ª de la LGSS).

CUESTIÓN

¿Pueden los autónomos acceder a la jubilación parcial?

La norma se limita a especificar que lo dispuesto en el art. 215 de la LGSS será de aplicación «(...) en los términos y condiciones que se establezcan reglamentariamente» [art. 3218.b) de la LGSS]. Dado que este aspecto aún no ha sido regulado, hoy en día, no existe una jubilación parcial específica para autónomos.

1.2. Normas genéricas que rigen el derecho a prestaciones en el RETA

Las personas incluidas en el campo de aplicación de este régimen especial causarán derecho a las prestaciones del mismo cuando, sin perjuicio de las particulares exigidas para una de ellas, reúnan la condición general de estar afiliadas y en alta en este régimen o en situaciones asimiladas a alta en la fecha en que se entienda causada la prestación En este sentido, el Decreto 2530/1970, de 20 de agosto, regula el régimen especial de la Seguridad Social de los trabajadores por cuenta propia o autónomos (RETA). Su artículo 28 («Condiciones del derecho a las prestaciones») reza así en sus primeros dos apartados:

«Uno. Las personas incluidas en el campo de aplicación de este régimen especial causarán derecho a las prestaciones del mismo cuando, sin perjuicio de las particulares exigidas para una de éstas, reúnan la condición general de estar afiliadas y en alta en este régimen o en situaciones asimiladas a alta en la fecha en que se entienda causada la prestación.

Dos. Es asimismo condición indispensable para tener derecho a las prestaciones a que se refieren los apartados a) a e) del número uno del artículo anterior, con excepción del subsidio de defunción, que las personas incluidas en el campo de aplicación de este régimen se hallen al corriente en el pago de sus cuotas exigibles en la fecha en que se entienda causada la correspondiente prestación. No obstante, si cubierto el período mínimo de cotización preciso para tener derecho a la prestación de que se trate se solicitara ésta y la persona incluida en el campo de aplicación de este régimen especial no estuviera al corriente en el pago de las restantes cuotas exigibles en la fecha en que se entienda causada la prestación la Entidad gestora invitará al interesado para que en el plazo improrrogable de treinta días naturales a partir de la invitación ingrese las cuotas debidas.

Si el interesado, atendiendo la invitación, ingresase las cuotas adeudadas dentro del plazo señalado en el párrafo anterior, se le considerará al corriente en las mismas a efectos de la prestación solicitada. Si el ingreso se realizase fuera de dicho plazo, se concederá la prestación menos un veinte por ciento, si se trata de prestaciones de pago único y subsidios temporales; si se trata de pensiones, se concederán las mismas con efectos a partir del día primero del mes siguiente a aquel en que tuvo lugar el ingreso de las cuotas adeudadas».

Hecho causante de la prestación

Reunidas las condiciones que analizaremos de edad y cotización, otro requisito para acceder a la pensión de jubilación será el **cese en el trabajo por cuenta propia** (art. 204 de la LGSS). El hecho causante de la pensión de jubilación se fija en la fecha en la que, por reunirse todos los requisitos exigidos, se causa derecho a la prestación, teniendo incidencia en el cálculo y en los efectos económicos de esta.

La pensión de jubilación contributiva se entenderá causada en la fecha indicada a tal efecto por la persona interesada al formalizar la correspondiente solicitud, siempre que se encuentre comprendida **dentro de los tres meses anteriores o posteriores al día de presentación de la solicitud**. Esto tiene gran relevancia ya que la fecha indicada por la persona interesada será la que se tenga en cuenta a efectos de considerar la situación de alta, asimilada a la de alta o de no alta ni asimilada.

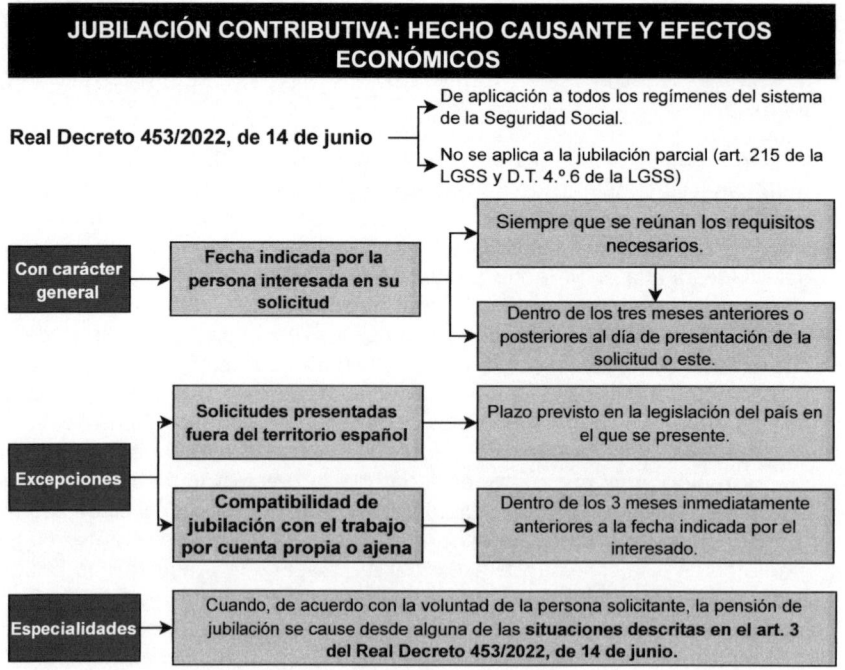

El Real Decreto 453/2022, de 14 de junio, regula la conceptualización de la fecha del hecho causante estableciendo una serie de **especialidades**:

- **Con carácter general:** fecha indicada a tal efecto por la persona interesada al formalizar la correspondiente solicitud (dentro de los tres meses anteriores o posteriores al día de presentación de la solicitud).

- **Alta en la Seguridad Social:** día que se produzca el cese en la actividad laboral.

- **Situación asimilada a la de alta:** fecha indicada a tal efecto por la persona interesada al formalizar la correspondiente solicitud.

JURISPRUDENCIA

STS, rec. 1133/2019 de 13 de junio de 2022, ECLI:ES:TS:2022:2373

El derecho a la pensión solo se produce a partir del hecho causante y de conformidad con la normativa entonces vigente. Por ello, se acude al concepto de pensión causada como aquella que surge cuando concurren las condiciones necesarias para su reconocimiento.

El hecho causante de la pensión de jubilación, en situación de no alta o no asimilada al alta, es el momento en el que se reúnen las condiciones para que pueda ser reconocida, sin perjuicio de que los efectos económicos se determinen en atención a la fecha de la solicitud.

STSJ de Madrid n.º 358/2020, de 8 de mayo, ECLI:ES:TSJM:2020:1962

Una vez cumplida la edad ordinaria de jubilación, el beneficiario podrá acogerse a la modalidad de jubilación activa, aunque con anterioridad, hubiese estado en situación de jubilación parcial.

STS, rec. 389/2016, de 24 de enero de 2018, ECLI:ES:TS:2018:483

Recordando la literalidad del art. 2 del citado RDL 5/2013 para el acceso a la jubilación activa, se declara que del mismo ha de colegirse que, para disfrutar de los beneficios que se establecen, se hace necesario que el beneficiario tenga reconocida una pensión de jubilación por haber alcanzado **la edad exigible legalmente en cada caso y, además, que dicha pensión sea equivalente al 100 por 100 de la base reguladora que corresponda**:

«*"Los términos del precepto son tan claros que no dejan duda sobre la necesidad de haberse jubilado con una pensión equivalente al 100 por 100 de la base reguladora de la misma, para poder compatibilizar el trabajo con la pensión reconocida que, durante esa situación de compatibilidad, se reducirá en un 50 por 100, sin que, por ende sea posible alcanzar porcentaje del 100 por 100 cuestionado con cotizaciones posteriores a la jubilación"*, a lo que a renglón seguido añade: *"(...) Precisamente la sentencia recurrida se hace eco de aquel pronunciamiento nuestro, en que afirmábamos que la expuesta solución es la que se ajusta a la finalidad del citado RDL 5/2013, cuya Exposición de Motivos indica en su apartado III que 'El capítulo I de este real decreto-ley regula la compatibilidad entre la percepción de una pensión de jubilación y el trabajo por cuenta propia o ajena para favorecer el alargamiento de la vida activa, reforzar la sostenibilidad del sistema de Seguridad Social, y aprovechar en mayor medida los conocimientos y experiencia de estos trabajadores. Esta posibilidad, muy restringida en el ordenamiento español hasta la fecha, es habitual en las legislaciones de países del entorno. Se permite así que aquellos trabajadores que han accedido a la jubilación al alcanzar la edad legal, y que cuentan con largas carreras de cotización, puedan compatibilizar el empleo a tiempo completo o parcial con el cobro del 50% de la pensión, con unas obligaciones de cotización social limitadas'. De ahí que sostuvié-ramos que la norma en cuestión persigue incentivar el trabajo más allá de la edad de jubilación estableciendo, al efecto, la posibilidad de compatibilizar trabajo y pensión, a la par que se mejora la pensión máxima reconocida"; precisando que una interpre-tación distinta hubiera vaciado de contenido lo dispuesto en el art. 163.2 de la LGSS».*

STSJ de Asturias, rec. 211/2017, de 30 de marzo de 2017, ECLI:ES:TSJAS:2017:1025

«(..) Hechas estas precisiones, la Sala, resolviendo el debate en los términos en los cuales se ha planteado, debe rechazar la denuncia jurídica porque no hay nor-ma alguna en virtud de la cual, en caso de jubilación parcial tras acreditar el requi-sito de edad exigido, no se pueda acceder a la jubilación activa una vez cumplida la edad exigida. El percibo de la pensión de jubilación parcial y la edad a la que se haya accedido a ésta no son datos decisivos e impeditivos del reconocimiento de la pensión de jubilación ordinaria a los efectos de compatibilizarla con el trabajo, sólo lo son las circunstancias concurrentes en el momento de la solicitud de esta última, y en este caso, en dicho momento, acredita el actor los requisitos exigidos por la norma».

Obligación de afiliación y alta

Las personas trabajadoras autónomas están obligadas a solicitar su afi-liación al sistema de la Seguridad Social y a comunicar sus altas, bajas y variaciones de datos en el Régimen Especial de los Trabajadores por Cuenta Propia o Autónomos en los términos, plazos y condiciones establecidos en esta ley y en sus disposiciones de aplicación y desarrollo (art. 307 de la LGSS).

El autónomo deberá tener cubierto el período mínimo de cotización nece-sario para el acceso a cada prestación. En el caso de la jubilación:

- **Período de cotización genérico:** 15 años (5.475 días).

- **Período de cotización específico:** 2 años deberán estar comprendi-dos dentro de los 15 años inmediatamente anteriores al momento de causar el derecho o a la fecha en que cesó la obligación de cotizar, si se accede a la pensión de jubilación desde una situación de alta o asimilada, sin obligación de cotizar.

Los actos de afiliación serán obligatorios y producirán los siguientes efec-tos en orden a la cotización y a la acción protectora:

- La afiliación y hasta tres altas dentro de cada año natural tendrán efectos desde el día en que concurran en la persona de que se tra-te los requisitos y condiciones determinantes de su inclusión en el campo de aplicación de este régimen especial, siempre que se hayan solicitado en los términos establecidos, respectivamente, por los artí-culos 27.2 y 32.3.1.º del RD 84/1996, de 26 de enero.

- El resto de las altas que, en su caso, se produzcan dentro de cada año natural tendrán efectos desde el día primero del mes natural en que se reúnan los requisitos para la inclusión en este régimen especial, siempre que se hayan solicitado en los términos establecidos por el artículo 32.3.1.º del RD 84/1996, de 26 de enero.

- Las altas solicitadas fuera del plazo reglamentario tendrán, asimismo, efectos desde el día primero del mes natural en que se reúnan los requisitos para la inclusión en este régimen especial.
- La afiliación y el alta de oficio por parte de la TGSS (arts. 26 y 29.1.3.º del RD 84/1996, de 26 de enero) surtirán efectos desde el día primero del mes natural en que resulte acreditada la concurrencia de los requisitos para la inclusión en el RETA.

CUESTIONES

1. ¿En qué plazos debe cumplir el autónomo con las obligaciones de afiliación, alta y baja en el Régimen Especial de Trabajadores Autónomos?

- Plazo presentación altas en el RETA: de forma previa al inicio de la actividad, hasta 60 días naturales antes del inicio de la actividad por el autónomo.

- Plazo presentación bajas y variaciones de datos RETA: 3 días naturales siguientes al del cese en el trabajo o a aquel en que la variación se produzca.

2. ¿Qué documentos o medios de prueba son determinantes del alta o baja en el RETA?

Las solicitudes de alta y de baja y las comunicaciones de variación de datos de trabajadores en este régimen especial deberán acompañarse, a través de medios electrónicos, de los documentos y medios de prueba determinantes de su procedencia. A tales efectos, la TGSS podrá requerir (art. 46.5 del RD 84/1996, de 26 de enero):

- Documento que acredite que el solicitante ostenta la titularidad de cualquier empresa individual o familiar o de un establecimiento abierto al público como propietario, arrendatario, usufructuario y otro concepto análogo o documento acreditativo del cese en dicha titularidad.

- Justificante de abonar el Impuesto sobre Actividades Económicas o cualquier otro impuesto por la actividad desempeñada o certificación de no abonar dicho impuesto, uno y otra referidos, como máximo, a los últimos cuatro años.

- Copia de las licencias, permisos o autorizaciones administrativas que sean necesarios para el ejercicio de la actividad de que se trate y, en su defecto, indicación del organismo o administración que las hubiese concedido o copia de la documentación acreditativa de su extinción o cese.

- Copia del contrato celebrado entre el trabajador autónomo económicamente dependiente y su cliente, una vez registrado en el Servicio Público de Empleo Estatal, y copia de la comunicación al Servicio Público de Empleo Estatal de la terminación del contrato registrado.

- Documentos que acrediten la participación del trabajador autónomo en sociedades o comunidades de bienes o su incorporación en colegios profesionales, determinante de su inclusión en este régimen especial al amparo de lo previsto en los párrafos b), c), d), e), g) y l) del art. 305.2 de la Ley General de la Seguridad Social.

- Declaración responsable del interesado y cualesquiera otros documentos que le sean requeridos, a estos efectos, por la Tesorería General de la Seguridad Social.

Situaciones asimiladas a la de alta

Son situaciones asimiladas al alta las que se crean para los supuestos de suspensión o extinción de la actividad laboral en los que, sin estar de alta en el sistema, no se ha causado baja y es posible acceder a determinadas prestaciones. En el caso de la jubilación del autónomo, si no se cumple el requisito general de estar afiliadas y en alta en el RETA, es posible acceder a la prestación desde esta situación asimilada a la de alta.

Se considerarán **situaciones asimiladas al alta,** a efectos de causar derecho a la prestación de jubilación, las establecidas en el art. 166 de la LGSS donde encontramos supuestos que, con carácter general, no afectan al autónomo (ej.: desempleo, vacaciones no disfrutadas, excedencia, huelga, etc.). No obstante, de la combinación de ese artículo con diversa normativa, vemos otras situaciones en las que sería posible el **acceso a la jubilación en el RETA desde la situación de asimilado al alta:**

- **Durante los noventa días naturales siguientes a la baja en el RETA.** Los trabajadores que causen baja en este régimen especial quedarán en situación asimilada a la de alta durante los noventa días naturales siguientes al último día del mes de su baja, a efectos de poder causar derecho a las prestaciones y obtener otros beneficios de la acción protectora (art. 29 del Decreto 2530/1970, de 20 de agosto).

- **Inactividad entre trabajos de temporada.** Los trabajadores incluidos en este Régimen Especial por el ejercicio de una actividad que, dadas sus características, se practique durante determinadas temporadas del año, podrán disfrutar de la situación asimilada a la de alta durante el período que medie entre dichas temporadas, siempre que cumplan una serie de requisitos. En este caso, la situación de asimilación a alta no podrá tener, para cada ocasión, una duración superior a la de doce meses, sin perjuicio de que el interesado pueda acogerse al convenio especial (art. 72 de la Orden de 24 de septiembre de 1970).

- **Suscripción de convenio especial en sus diferentes tipos** al amparo de la Orden TAS/2865/2003, de 13 de octubre.

- **Suspensión de actividades por enfermedad.** En caso de prórroga de efectos de la incapacidad temporal, cuando continuase la suspensión temporal de la actividad por incapacidad debida a enfermedad o accidente, el interesado podrá disfrutar de la situación asimilada a la de alta, siempre que cumpla los requisitos establecidos (art. 73 de la Orden de 24 de septiembre de 1970).

- **La situación de maternidad o paternidad (nacimiento y cuidado del menor)** que subsista una vez extinguido el contrato de trabajo o que se inicie durante la percepción de la prestación por desempleo (art. 318 y ss. de la LGSS).

- **Violencia de género.** A las trabajadoras por cuenta propia víctimas de violencia de género que cesen en su actividad para hacer efectiva su protección o su derecho a la asistencia social integral, se les considerará en situación de cese temporal de la actividad y se les suspenderá la obligación de cotización durante un período de seis meses, que les serán considerados como de cotización efectiva a efectos de las prestaciones de Seguridad Social. Asimismo, su situación será considerada como asimilada al alta. A estos efectos, se tomará una base de cotización equivalente al promedio de las bases cotizadas durante los seis meses previos a la suspensión de la obligación de cotizar (art. 21.5 de la Ley Orgánica 1/2004, de 28 de diciembre).

JURISPRUDENCIA

STS n.º 4668/2018, de 20 de abril de 2021, ECLI: ECLI:ES:TS:2021:1473

Ha considerado que no supone situación asimilada un prolongado lapso temporal sin inscribirse como demandante de empleo después de la baja en el RETA durante dos años y seis meses sin que concurra ninguna especial circunstancia personal o familiar que lo justifique. Para el TS, se evidencia con ello la voluntad de apartarse del mundo laboral.

Obligación de hallarse al corriente en el pago de cuotas: ¿puede un autónomo que debe cuotas a la Seguridad Social cobrar la prestación de jubilación?

Un autónomo que debe cuotas a la Seguridad Social no puede cobrar la prestación de jubilación, a menos que regularice su situación dentro del plazo establecido.

En los supuestos de prestaciones del autónomo, será requisito indispensable para el reconocimiento del derecho a la prestación por jubilación que el interesado **se halle al corriente en el pago de las correspondientes cuotas a la Seguridad Social**, sin perjuicio de los efectos de la invitación al ingreso de las cuotas debidas en los casos en que aquella proceda.

El **art. 47 de la LGSS** después de establecer el principio de que «En el caso de trabajadores que sean responsables del ingreso de cotizaciones, para el reconocimiento de las correspondientes prestaciones económicas de la Seguridad Social será necesario que el causante se encuentre al corriente en el pago de las cotizaciones de la Seguridad Social, aunque la correspondiente prestación sea reconocida, como consecuencia del cómputo recíproco de cotizaciones, en un régimen de trabajadores por cuenta ajena», añade que «a tales efectos, será de aplicación el mecanismo de invitación al pago previsto en el artículo 28.2 del Decreto 2530/1970, de 20 de agosto, por el que se regula el Régimen Especial de la Seguridad Social de los Trabajadores por Cuenta Propia o Autónomos, cualquiera que sea el régimen de la Seguridad Social en que el interesado estuviese incorporado en el momento de acceder a la prestación o en el que se cause esta». De una lectura apresurada de este precepto debemos entender que, si un autónomo solicita la pensión de jubilación existiendo deudas con la Seguridad Social, no podrá cobrar hasta que se ponga al corriente de pago.

|| Plazos para ponerse al corriente

Si el autónomo no está al corriente en el pago de las cuotas en el momento de causar la prestación, la entidad gestora (INSS o Mutua) le invitará a regularizar su situación en un **plazo improrrogable de 30 días naturales.** Es decir, si cubierto el período mínimo de cotización preciso para tener derecho a la prestación de que se trate se solicitara ésta y la persona incluida en el campo de aplicación de este régimen especial no estuviera al corriente en el pago de las restantes cuotas exigibles en la fecha en que se entienda causada la prestación la Entidad gestora invitará al interesado para que en el plazo improrrogable de treinta días naturales a partir de la invitación ingrese las cuotas debidas (art. 28.1 del Decreto 2530/1970, de 20 de agosto).

Si paga dentro de este plazo, se considerará al corriente y podrá percibir la prestación. En caso de pagar fuera de plazo, la prestación se reducirá en un 20 % y se aplicará retroactividad de tres meses desde la fecha de pago (arts. 53 de la LGSS y 28.2 del Decreto 2530/1970, de 20 de agosto).

‖ Aplazamiento de cuotas

Un aplazamiento del pago de las cuotas concedido por la Tesorería General de la Seguridad Social se considera válido para estar al corriente de pago solo si se solicita antes de la fecha de la jubilación. Si se solicita después, no tiene validez a efectos de la prestación.

La resolución de la cuestión planteada en este apartado requiere partir de las siguientes premisas:

- No hay en la actualidad norma alguna que condicione como requisito para el derecho al percibo del abono de la prestación como trabajador autónomo el abono previo de la totalidad de las deudas por otras cuotas incluso como empresario, y la invitación al pago respecto a unas cuotas y su abono realizada conforme al art. 28.2 del RD 2530/1970, supone el cumplimiento de requisitos. Siendo esta doctrina expuesta en los supuestos de generar la prestación en el Régimen General cuando se mantiene descubiertos en el RETA si las cotizaciones a tal régimen no se utilizan a efectos de acceso a la prestación. Este criterio ha sido sostenido de forma uniforme por la doctrina del TS en sentencias tales como STS, rec. 1084/2014, de 27 de abril de 2016, ECLI:ES:TS:2016:2244, y STS, rec. 3823/2011, de 21 de junio de 2012, ECLI:ES:TS:2012:5364. Incluso tal criterio se viene a reconocer en cuanto a otras deudas con la seguridad social cuando se trata de acceder a una prestación en el régimen de autónomos STS, rec. 2514/2012, de 22 de noviembre de 2013, ECLI:ES:TS:2013:5893.

- El aplazamiento reconocido tras el hecho causante no se pude considerar como situación de corriente. Siguiendo la doctrina establecida por la STS, rec. 1564/2003, de 7 de mayo de 2004, ECLI:ES:TS:2004:3102, y, STS, rec. 4051/2017, de 28 de enero de 2020, ECLI:ES:TS:2020:417, entre otras.

- En los abonos realizados para cumplir la invitación al pago, no pueden imputarse a otras deudas diferentes, incluso anteriores, por voluntad de la administración. La STS, rec. 2514/2012, de 22 de noviembre de 2013, ECLI:ES:TS:2013:5893, expone con claridad tal criterio al resolver.

‖ Prescripción de la deuda

La STS n.º 928/2022, de 22 de noviembre de 2022, ECLI:ES:TS:2022:4323, aplicando doctrina existente, reconoce el derecho a la pensión de jubilación con cargo al RETA a quien en el momento de acceder a ella cumple todos los requisitos (edad, periodo de carencia, situación de origen, etc.), debiendo considerarse al corriente en el pago de las cotizaciones si las que adeuda están prescritas. El TS ha entendido que el tenor literal del art. 28 del Decreto 2530/1970, de 20 de agosto, no impone el requisito de «(...) estar al corriente en el pago de todas las cuotas correspondientes al periodo de alta en el RETA hasta que se cause la prestación», en cuyo caso correspondería abonar también las cuotas prescritas, sino que emplea la dicción "cuotas exigibles"», debiendo entenderse por tales aquellas que pueden ser reclamadas por la Entidad Gestora y dicha Entidad no puede reclamar las cuotas ya prescritas en el momento en que se entiende causada la prestación.

El precepto prevé la posibilidad de que la Entidad Gestora invite al interesado al abono de las cuotas debidas, pero no de «(...) todas las cuotas debidas», sino solo de aquellas «que fueran exigibles» en la fecha en que se entienda causada la prestación.

CUESTIÓN

Si el autónomo pide un aplazamiento en el pago de deudas a la Seguridad Social, ¿cobrará la pensión de jubilación? ¿y si incumple los pagos del aplazamiento con posterioridad al reconocimiento del derecho a pensión de jubilación?

Si se concede el aplazamiento de la deuda existente, también se te considerará como al corriente en el pago de las cotizaciones a efectos de acceder a la pensión de jubilación. En caso de que el autónomo no cumpla con las condiciones del aplazamiento, se perderá la consideración de encontrarse al corriente en el pago y, por lo tanto, se procederá la prestación.

RESOLUCIÓN RELEVANTE

STSJ de la Com. Valenciana n.º 1279/2023, de 27 de abril del 2023, ECLI:ES:TSJCV:2023:1885

«En consecuencia debemos entender que los abonos que lleva a efecto la actora coincidentes con las deudas del régimen RETA y en importes superiores a los propios de los plazos acordado en resolución de aplazamiento, con voluntad de cumplir la invitación al pago deben tener la consideración de cumplimiento de la invitación al pago referida en el artículo 28.2 del RD sin posibilidad de imputación por la administración a otras deudas al no ser de aplicación el art 29 de la LGSS de 1995, actual artículo 32 de Texto de 2015 al no estar en presencia de imputación de pagos en un proceso de ejecución y sin que las previsiones del artículo 52 del Real Decreto 1415/2004, de 11 de junio, por el que se aprueba el Reglamento General de Recaudación de la Seguridad Social, impidan llevar a efecto una imputación de pagos específica por el administrado.

Por ello procede estimar el motivo y considerar que la actora procedió a cumplir con la invitación al pago en el periodo de 30 días naturales (cuestión del plazo temporal no discutido y no obrar como hecho la fecha de notificación de la resolución a partir de la cual se pueda computar el plazo) con lo que procede revocar la resolución recurrida y en su virtud estimar la demanda y reconocer a la actora prestación por nacimiento y cuidado de menor en los términos reglamentarios derivados del artículo 177 y ss. de la LGSS de 2015 con derecho al subsidio del 100% de la base reguladora de 944,10 euros mensuales y por el periodo de 8-4-21 a 28-7-21 como elementos no discutidos de la prestación instada».

> **STSJ de Extremadura n.º 30/2007, de 18 de enero de 2007, ECLI:ES:TSJEXT:2007:49**
>
> El autónomo no tendrá derecho a la prestación por IT si no cumple el requisito de que estamos tratando, sin que suponga lo contrario el que haya ingresado las cuotas adeudadas con posterioridad a iniciarse la situación de incapacidad temporal pues, como recuerda la SSTS de 18 de noviembre de 2004, tal requisito consiste en que el trabajador se halle al corriente en el pago de las correspondientes cotizaciones en el momento de producirse el hecho causante de la prestación de referencia, que no es otro que cuando se inicia la incapacidad temporal, con la baja para el trabajo; lo contrario, «asimilar el hecho causante con la solicitud, como pretende el recurrente, sería dejarlo en manos del propio interesado, lo cual es insostenible».

Declaración sobre la persona que va a sustituir al autónomo

Nada se especifica con relación a la jubilación de forma que, si el autónomo cesa en la actividad deberá poder acreditar el cierre de su negocio y la liquidación del mismo, y, si mantiene la actividad en compatibilización con la jubilación, deberá notificar inicio o fin de la actividad simultánea a la condición de pensionista.

1.3. Otras prestaciones en el RETA

1.3.1. Prestaciones por nacimiento de hijo y riesgo durante el embarazo o lactancia natural en el RETA

Los trabajadores incluidos en el Régimen Especial de la Seguridad Social de los Trabajadores por Cuenta Propia o Autónomos o, como trabajadores por cuenta propia, en el grupo primero de cotización del Régimen Especial de la Seguridad Social de los Trabajadores del Mar, incluidos los socios trabajadores o socios de trabajo de las sociedades cooperativas encuadrados en esos regímenes, tendrán derecho, durante los períodos de descanso por nacimiento, adopción, guarda con fines de adopción, acogimiento, riesgo durante el embarazo o riesgo durante la lactancia natural, a una bonificación del 100 por cien de la cuota por contingencias comunes resultante de aplicar a la base media que tuviera el trabajador en los doce meses anteriores a la fecha en la que inicie esta bonificación, el tipo de cotización para contingencias comunes vigente en cada momento, excluido el correspondiente a la incapacidad temporal derivada de dichas contingencias (art. 38 de la LETA).

Nacimiento y cuidado de menor

El derecho a esta prestación se establece con la misma extensión y en los mismos términos y condiciones que los previstos para los trabajadores del Régimen General en los arts. 177-182 de la LGSS —excepto lo regulado en el art. 179.1 y 2—.

La prestación económica por nacimiento y cuidado de menor consistirá en un **subsidio equivalente al 100 por ciento de una base reguladora cuya cuantía diaria será el resultado de dividir la suma de las bases de cotización acreditadas a este régimen especial durante los seis meses inmediatamente anteriores al mes previo al del hecho causante entre ciento ochenta** (art. 318 de la LGSS). (STS n.º 1067/2016, de 19 de diciembre de 2016, ECLI:ES:TS:2016:5802; STS, rec. 2390/2008, de 22 de junio de 2009, ECLI:ES:TS:2009:4800; STS, rec. 1126/2008, de 21 de abril de 2009, ECLI:ES:TS:2009:2433, y STS, rec. 3764/2008, de 12 de mayo de 2009, ECLI:ES:TS:2009:3548).

Como particularidades, será necesario:

- Estar dada de alta en el RETA.

- Estar al día en el pago de las cuotas de autónomo, sin perjuicio de los efectos de la invitación al ingreso de las cuotas debidas en los casos en que aquella proceda (art. 47 de la LGSS).

- En el caso de la autónoma, haber cotizado un mínimo de tiempo, que varía según la edad (art. 178 de la LGSS):
  - Si es menor de 21 años no es necesario tener cubierto ningún periodo mínimo de cotización.
  - Si tiene entre 21 y 26 debes haber cotizado, como mínimo, 90 días en los 7 años que preceden a la baja por maternidad o situación similar, o bien 180 días desde su primera alta en el RETA.
  - Si es mayor de 26 cuando te conviertas en mamá, serán 180 días los que debes haber cotizado en los últimos 7 años anteriores al parto, adopción o acogimiento o, en su defecto, 360 días como mínimo a lo largo de toda tu vida laboral.

  En el caso del padre, no hay diferencias en el tiempo de cotización exigido en función de su edad. Para todos los autónomos, el periodo exigido será de 180 días en los últimos siete años, o 360 días en toda la carrera laboral.

- Presentación de una declaración sobre la persona que gestione directamente el establecimiento mercantil, industrial o de otra naturaleza del que sean titulares o, en su caso, el cese temporal o definitivo en la actividad.

La prestación económica por nacimiento y cuidado de menor durará **16 semanas** y consistirá en un **subsidio equivalente al 100 por ciento de la base de cotización por contingencias comunes del mes inmediatamente anterior al mes previo al del hecho causante, dividida entre el número de días a que dicha cotización se refiera.**

A TENER EN CUENTA. Las primeras 6 semanas posteriores al parto deben ser disfrutadas de forma obligatoria inmediatamente después del parto, mientras que el resto puede distribuirse según prefiera.

El derecho al subsidio por nacimiento y cuidado de menor podrá ser denegado, anulado o suspendido, cuando el beneficiario hubiera actuado fraudulentamente para obtener o conservar dicha prestación, así como cuando trabajara por cuenta propia o ajena durante los correspondientes períodos de descanso.

JURISPRUDENCIA

STS, rec. 4533/2005, de 19 de enero de 2007, ECLI:ES:TS:2007:655

El periodo de carencia para el acceso a la prestación por maternidad para una trabajadora contratada a tiempo parcial debe calcularse incrementándolo en la misma proporción en la que se haya reducido la jornada efectivamente realizada respecto de la jornada habitual en la actividad correspondiente.

CUESTIONES

1. ¿Cuánto se cobra por la baja maternal como autónoma? ¿Hay que pagar la cuota de autónomos?

Para calcular la base reguladora, hay que dividir la cantidad por la que se cotizó durante los 6 meses anteriores a la baja entre 180. La cuota de autónomo durante la baja está bonificada al 100 %.

2. ¿Es posible disfrutar la baja maternal a tiempo parcial? ¿Qué debo tener en cuenta?

El descanso por nacimiento y cuidado del menor tras las seis primeras semanas puede disfrutarse a tiempo parcial. No obstante, la prestación se reducirá a la mitad y la persona trabajadora autónoma debe facturar la mitad.

3. ¿Qué ocurre si la autónoma no cuenta con el mínimo cotizado para solicitar la prestación por nacimiento y cuidado del menor?

Los trabajadores autónomos que no cumplan con el mínimo de cotización exigido para solicitar la baja maternal tienen la opción de solicitar la prestación no contributiva de maternidad en el Instituto Nacional de la Seguridad Social (INSS). Esta prestación está diseñada para aquellos que, siendo mayores de 21 años, no han acumulado el mínimo de cotización necesario. La prestación no contributiva de maternidad permite recibir un subsidio durante 42 días naturales desde el parto o la resolución de adopción, acogimiento o tutelaje. En situaciones especiales, como partos múltiples, enfermedades, discapacidad, familias numerosas o monoparentales, el periodo de cobro del subsidio puede extenderse hasta 14 días adicionales.

Riesgo durante el embarazo o lactancia natural

La prestación económica por riesgo durante el embarazo consistirá en un subsidio equivalente al 100 por ciento de la base reguladora correspondiente en los términos descritos en los arts. 40-47 del Real Decreto 295/2009, de 6 de marzo.

La prestación económica por riesgo durante la lactancia natural se concederá a la mujer trabajadora en los términos, condiciones y con el procedimiento previstos para la prestación por riesgo durante el embarazo (art. 50 del Real Decreto 295/2009, de 6 de marzo). En este caso, el derecho al subsidio se extinguirá por: cumplir el hijo los nueve meses de edad, reincorporación de la mujer trabajadora a su puesto de trabajo o actividad profesional anterior o a otros compatibles con su estado, extinción del contrato de trabajo en virtud de las causas legalmente establecidas o cese en el ejercicio de la actividad profesional; interrupción de la lactancia natural o fallecimiento de la beneficiaria o del hijo lactante.

1.3.2. Prestación de incapacidad permanente en el RETA

Particularidades en la incapacidad permanente de los autónomos		
	– Estar al corriente en el pago de cuotas, de las que sean responsables directos los trabajadores. – En caso de no estar al corriente en el pago de las cuotas: invitación al pago.	
	IPP	No se protege para contingencias comunes.
	IPT	– Se reconoce el incremento del 20 por 100 para mayores de 55 años (situaciones a partir de 01-01-2003). – Indemnización: dentro de los 30 días siguientes a la declaración de la incapacidad. Se podrá optar entre una cantidad a tanto alzado de 40 mensualidades de la base reguladora o una pensión vitalicia. – Siempre que el trabajador no tuviese cumplidos los 60 años.
	Contingencias profesionales:	– No existe la posibilidad de establecer recargo por falta de medidas de prevención. – BR: según cotización en la fecha del hecho causante. – IPP: ocasiona al trabajador una disminución no inferior al 50 por 100 en su rendimiento normal para su profesión.
	BR	Las lagunas de cotización no se integran con las bases mínimas.

Se reconoce con las mismas condiciones que en el Régimen General, pero con las siguientes peculiaridades:

Incapacidad permanente parcial para la profesión habitual

La incapacidad permanente parcial en el RETA solo se protege cuando derive de contingencias profesionales. (**STS, rec. 3756/2014, de 29 de marzo de 2016, ECLI:ES:TS:2016:1753**).

Los trabajadores incluidos en este régimen especial podrán mejorar voluntariamente el ámbito de su acción protectora, incorporando la correspondiente a las contingencias de accidentes de trabajo y enfermedades profesionales, siempre que tengan cubierta dentro del mismo régimen especial la prestación económica por incapacidad temporal (art. 316 de la LGSS). (**STS, rec. 3219/2005, de 28 de febrero de 2007, ECLI:ES:TS:2007:2626**, y STS, **rec. 1018/2011, de 23 de diciembre de 2011, ECLI:ES:TS:2011:9293**).

Atendiendo a lo dispuesto en la **STS, rec. 3557/2008, de 15 de septiembre de 2009, ECLI:ES:TS:2009:5992**: «que citando sentencias anteriores de esta Sala, razonó que "el art. 27 del Decreto 2530/1970, de 20 de agosto, por el que se regula el Régimen Especial de la Seguridad Social de los Trabajadores por Cuenta Propia o Autónomos, prescribe lo siguiente: 1. La acción protectora de este Régimen Especial comprenderá: a) prestaciones por invalidez en los grados de incapacidad permanente total para la profesión habitual, incapacidad permanente absoluta para todo trabajo y gran invalidez (...). Por su parte el art. 36.1 dispone que estará protegida por este Régimen Especial de la Seguridad Social la situación de invalidez permanente, cualquiera que fuera su causa, en sus grados de incapacidad permanente total para la profesión habitual, incapacidad permanente absoluta para todo trabajo y gran invalidez. Y advierte que los textos transcritos de los precitados artículos 27.1a) y 36.1 del Decreto 2530/1970 son respectivamente reiterados en sus mismos términos por los art. 56.1 a) y 74.1 del a O.M. de 24 de septiembre de 1970, por la que se dictan normas para la aplicación y desarrollo del Régimen Especial de la Seguridad Social de los Trabajadores por Cuenta Propia o Autónomos. Así pues conforme a estas normas la acción protectora del RETA no se extiende a la incapacidad permanente parcial"».

Cuando la invalidez permanente derive de accidente, si el trabajador autónomo se encuentra en alta o en situación asimilada al alta, para tener derecho a la pensión, deberá acreditar un mínimo de 60 meses de cotización, dentro de los 10 últimos años. (STS, rec. 3316/2009, de 12 de mayo de 2010, ECLI:ES:TS:2010:3244).

Incapacidad permanente total para la profesión habitual

Pensión vitalicia del 55 por ciento de la base reguladora o una indemnización de cuarenta mensualidades de la citada base. La pensión de incapacidad permanente total para la profesión habitual se incrementará en un 20 por ciento de la base reguladora que se tenga en cuenta para determinar la cuantía de la pensión, cuando se acrediten los siguientes requisitos (art. 58.2 del Decreto 3772/1972, de 23 de diciembre):

- Que el pensionista tenga una edad igual o superior a los 55 años. En los casos en los que el reconocimiento inicial de la pensión de incapacidad permanente se efectúe a una edad inferior a la señalada, el incremento del 20 por ciento se aplicará desde el día 1.º del mes siguiente a aquel en que el trabajador cumpla los 55 años, siempre que a dicha fecha se reúnan los requisitos establecidos en los párrafos siguientes. En los supuestos en que el derecho al incremento del 20 por ciento nazca en un año natural posterior a aquel en que se produjo el reconocimiento inicial de la pensión de incapacidad permanente total para la profesión habitual, a ésta, incrementada con el mencionado 20 por ciento, se le aplicarán las revalorizaciones que, para las pensiones de la misma naturaleza, hubiesen tenido lugar desde la expresada fecha.

- Que el pensionista no ejerza una actividad retribuida por cuenta ajena o por cuenta propia que dé lugar a su inclusión en cualquiera de los regímenes de la Seguridad Social. El incremento de la pensión quedará en suspenso durante el período en que el trabajador obtenga un empleo o efectúe una actividad lucrativa por cuenta propia que sea compatible con la pensión de incapacidad permanente total que viniese percibiendo.

- Que el pensionista no ostente la titularidad de una explotación agraria o marítimo-pesquera, o de un establecimiento mercantil o industrial como propietario, arrendatario, usufructuario u otro concepto análogo.

No se integran las lagunas de cotización con la base mínima

En el caso de los trabajadores autónomos no es de aplicación la integración de períodos no cotizados con bases mínimas establecidos en el art. 197.4 de la LGSS. (STS, rec. 1394/2010, de 24 de enero de 2011, ECLI:ES:TS:2011:318, y STS, rec. 3506/2005, de 21 de septiembre de 2006, ECLI:ES:TS:2006:5524).

> **RESOLUCIÓN RELEVANTE**
>
> **STSJ de Cantabria, rec. 27/2023, de 27 de febrero de 2023, ECLI:ES:TSJCANT:2023:102**
>
> Se analiza el cálculo de la base reguladora de la incapacidad permanente total para la profesión habitual de un autónomo desde una situación asimilada al alta sin cotizaciones en los años anteriores al hecho causante. El cálculo de la base reguladora debe hacerse tomando en consideración las últimas bases de cotización con las revalorizaciones pertinentes. En el caso de trabajadores autónomos no se admite la integración de lagunas (art. 197.4 de la LGSS):
>
> «(...) "el supuesto de falta de cotización en los 15 años anteriores al hecho causante no está regulado ni en la LGSS, ni en sus disposiciones de aplicación y desarrollo, porque: 1°) se está ante un supuesto específico que no ha sido objeto de regulación, pues no cabe entender que se haya querido negar el contenido económico del derecho, ya que en ese caso no hubiese permitido el acceso a la prestación; 2°) hay semejanza entre este supuesto específico y los regulados en el Anexo VI.D. 4 del Reglamento 1408/1971 (hoy sustituido por el Reglamento CEE 883/2004) y en el Decreto 1646/1972, pues en los dos supuestos el solicitante cumple los requisitos de acceso a la protección y tiene derecho a la prestación y en los dos casos no hay bases computables para su cálculo y 3°) hay identidad de razón: solucionar el problema que deriva de la falta de cotización en el periodo de cómputo cuando no se puede acudir a la integración de lagunas prevista en los arts. 140.4 y 162.1.2 de la LGSS", precisando las referidas sentencias de casación unificadora que "no se trata propiamente de una aplicación de la técnica del 'paréntesis'... sino de un cálculo de la base reguladora sobre un periodo de cómputo diferido en función de la extinción de la obligación de cotizar"».

1.3.3. Asistencia sanitaria y prestación de incapacidad temporal en el RETA

Los trabajadores autónomos tienen derecho a asistencia sanitaria en las mismas condiciones que los trabajadores por cuenta ajena, siendo suficiente con estar afiliado a la Seguridad Social y en situación de alta o asimilada a la de alta.

Los requisitos para acceder a esta prestación por incapacidad temporal son:

- Estar de alta o en situación asimilada al alta.

- Haber cotizado un mínimo de 180 días durante los últimos 5 años.

- Estar al corriente en el pago de las cuotas. En caso de accidente y de enfermedad profesional, no se exige periodo previo de cotización.

La **cuantía** del subsidio será el resultado de aplicar sobre la base reguladora, los siguientes porcentajes (arts. 10-11 del Real Decreto 1273/2003, de 10 de octubre):

1. Con carácter ordinario, desde el día cuarto al vigésimo de la baja, ambos inclusive, en la actividad laboral, el 60 por ciento. A partir del día vigésimo primero, el 75 por ciento.

   En los supuestos en que el interesado hubiese optado por la cobertura de las contingencias profesionales y el subsidio se hubiese originado a causa de un accidente de trabajo o enfermedad profesional, el 75 por ciento desde el día siguiente al que se produjese la baja.

2. La **base reguladora de la prestación** estará constituida por la base de cotización del trabajador correspondiente al mes anterior al de la baja, dividida entre 30. Dicha base se mantendrá durante todo el proceso de incapacidad temporal, incluidas las **recaídas**, salvo que el interesado hubiese optado por una base de cotización de cuantía inferior, en cuyo caso se tendrá en cuenta esta última.

3. En procesos de incapacidad temporal será obligación de los trabajadores por cuenta ajena presentar, a la entidad gestora la copia de los partes médicos de baja, confirmación de la baja o alta, utilizando para ello la copia destinada a la empresa, en un plazo de cinco días desde la expedición del parte.

4. Los trabajadores por cuenta propia o autónomos en situación de incapacidad temporal tienen la obligación de presentar en el plazo de 15 días desde el inicio de la situación ante la entidad conveniente, a la par del parte médico de baja, una declaración sobre la persona que gestionará el establecimiento del que es titular, o de producirse, de cese temporal o definitivo de la actividad.

5. La dirección provincial del Instituto Nacional de la Seguridad Social es la **facultada para declarar la incapacidad temporal** y la dirección provincial de la TGSS o la mutua de accidentes de trabajo y enfermedades profesionales, en la que hubiese formalizado la cobertura de la prestación por estas circunstancias, serán los **encargados del pago**. (STS, rec. 4509/2007, de 22 de septiembre de 2009, ECLI:ES:TS:2009:6490).

Carácter ordinario	Día 1.º - 3.º (ambos inclusive):	No se cobra.
	Día 4.º - 20.º (ambos inclusive):	60 por 100 BR.
	A partir del día 21.º:	75 por 100 BR.
IT por AT o EP – Con cobertura de las contingencias profesionales.	Desde el día siguiente al de la baja:	75 por 100 BR.
Base reguladora	BC mes anterior a la baja / 30:	Todo el proceso de incapacidad temporal (incluidas las recaídas). Si el interesado hubiese optado por una base de cotización de cuantía inferior se tendrá en cuenta esta.

Los autónomos solo tienen que pagar su cuota los dos primeros meses de baja por incapacidad temporal (art. 309.2 de la LGSS y orden anual de cotización). En la situación de incapacidad temporal con derecho a prestación económica, transcurridos 60 días en dicha situación desde la baja médica, corresponderá hacer efectivo el pago de las cuotas, por todas las contingencias, a la mutua colaboradora con la Seguridad Social, a la entidad gestora o, en su caso, al servicio público de empleo estatal, con cargo a las cuotas por cese de actividad. Es decir:

- Dos primeros meses de IT con derecho a prestación (60 días): se abona la cuota por parte del autónomo. La base de cotización mensual aplicada adquirirá carácter definitivo y no será objeto de la regularización [art. 308.1.c) de la LGSS].

- Transcurridos los dos primeros meses de IT con derecho a prestación (a partir del día 61): las cuotas (por todas las contingencias) las paga la mutua o SEPE (art. 309.2 de la LGSS).

Declaración sobre la persona que gestionará el establecimiento del autónomo durante la IT (Real Decreto 1273/2003, de 10 de octubre)	Presentación de la declaración:	Obligatoria.	
	Plazo:	15 días desde el inicio de la IT.	
	Plazo hasta la presentación de la declaración:	No se pagará subsidio y se mantendrá la suspensión hasta la entrega de la declaración.	
	No presentación:	Infracción leve.	Pérdida de un mes de prestación.
	Presentación transcurridos 45 días desde IT:	Inicio expediente sancionador.	

Cuando se produzca una situación de cese de actividad de forma posterior a la IT, la persona trabajadora autónoma podrá continuar percibiendo la prestación por incapacidad temporal en la misma cuantía que la prestación por cese de actividad hasta que se agote.

A TENER EN CUENTA. La **opción y la renuncia a la protección de la incapacidad temporal en el RETA** se efectuarán en los términos establecidos por el art.
47.3 del Real Decreto 84/1996, de 26 de enero. Esta posibilidad ha sido modificada, **con efectos del 1 de enero de 2023**, tras la nueva redacción aportada al
precepto por el Real Decreto 504/2022, de 27 de junio.

JURISPRUDENCIA

**STS, rec. 1150/2009, de 12 de abril de 2010, ECLI:ES:TS:2010:2097, y STS,
rec. 1253/2008, de 10 de febrero de 2009, ECLI:ES:TS:2009:3231**

El Tribunal Supremo considera que un trabajador incluido en el Régimen Especial
de Trabajadores Autónomos debe encontrarse al corriente en el pago de las cuotas
para causar derecho a una prestación por incapacidad temporal consecuencia de
accidente de trabajo.

STS, rec. 3406/2008, de 23 de julio de 2009, ECLI:ES:TS:2009:5465

Se reconoce el derecho a la prestación de incapacidad temporal de un trabajador
incluido en el Régimen Especial de Trabajadores Autónomos que en el momento
de la contingencia no cumplía el requisito de estar al corriente en el pago de las
cotizaciones y que satisfizo la cuota adeudada después de la baja médica y antes
de solicitar la prestación.

CUESTIÓN

**¿Podrían acceder las autónomas a las nuevas prestaciones por incapacidad
temporal vinculadas a la salud sexual y reproductiva?**

Sí. A pesar de que los cambios normativos realizados por Ley Orgánica 1/2023,
de 28 de febrero, para la regulación de las nuevas bajas por menstruación incapaci-
tante, interrupción del embarazo y desde la semana trigésima novena de gestación,
afectan a la regulación de la IT con carácter general, no se ha especificado por el
momento que se vaya a producir algún tipo de diferencia por regímenes. (Criterio
del INSS n.º 14/2023, de 1 de junio de 2023).

1.3.4. Prestaciones por muerte y supervivencia en el RETA

En caso de muerte, cualquiera que fuera su causa, se otorgarán, según
los supuestos, alguna o algunas de las prestaciones siguientes (art. 46 del
Decreto 2530/1970, de 20 de agosto):

- Subsidio de defunción.

- Pensión vitalicia de viudedad.

- Pensión de orfandad.

- Pensión vitalicia o, en su caso, subsidio temporal en favor de familiares.

Causarán derecho a las prestaciones citadas las personas incluidas en el
campo de aplicación del RETA que cumplan las condiciones generales exigidas (estar afiliadas y en alta o en situaciones asimiladas a alta) y el período
mínimo de cotización.

Serán las mismas que en el Régimen General de la Seguridad Social, con las especialidades siguientes:

- A partir del 1 de enero de 2004, los trabajadores que se hayan acogido a la mejora voluntaria de la acción protectora de estas contingencias, y que, del mismo modo, hayan optado por la cobertura de la prestación económica por incapacidad temporal tendrán derecho a esta prestación.

- No se aplicará recargo de las prestaciones por falta de medidas de prevención de riesgos laborales.

- Si el fallecimiento deriva de accidente de trabajo o enfermedad profesional, la base reguladora será el equivalente a la base de cotización del trabajador en la fecha del hecho causante.

- En los supuestos de exoneración de cuotas, las bases de cotización mensuales de cada ejercicio económico exentas de cotización serán equivalentes al resultado de incrementar el promedio de las bases de cotización del año natural inmediatamente anterior en el tanto por cien de variación media conocida del IPC en el último año indicado. De manera que las bases se encuentren entre las máximas y mínimas establecidas en la Ley de Presupuestos Generales del Estado para estos trabajadores.

1.3.5. Prestación económica de cese de actividad en el RETA

El sistema específico de protección por el cese de actividad forma parte de la acción protectora del sistema de la Seguridad Social, es de carácter obligatorio y tiene por objeto dispensar a las personas trabajadoras autónomas una serie de prestaciones y medidas ante la situación de cese la actividad que originó el alta en el régimen especial. (STSJ de Castilla La-Mancha n.º 1252/2018, de 4 de octubre de 2018, ECLI:ES:TSJCLM:2018:2273).

El cese de actividad podrá ser definitivo o temporal. El cese temporal podrá ser total, que comporta la interrupción de todas las actividades que puedan originar el alta en el régimen especial en el que la persona trabajadora por cuenta propia o autónoma figure encuadrada (supuestos regulados en el art. 331 de la LGSS), o parcial, cuando se produzca una reducción de la actividad en los términos previstos legalmente.

La protección por cese de actividad alcanzará también a los socios trabajadores de las cooperativas de trabajo asociado que hayan optado por su encuadramiento como trabajadores por cuenta propia en el régimen especial que corresponda, así como a los trabajadores autónomos que ejerzan su actividad profesional conjuntamente con otros en régimen societario o bajo cualquier otra forma jurídica admitida en derecho, siempre que, en ambos casos, cumplan con los requisitos regulados en este título con las peculiaridades contempladas, respectivamente, en los arts. 335 y 336 de la LGSS.

Se encontrarán en **situación legal de cese de actividad** (art. 331 de la LGSS) todos aquellos trabajadores autónomos que cesen en el ejercicio de su actividad por alguna de las causas siguientes:

- Por la concurrencia de motivos económicos, técnicos, productivos u organizativos determinantes de la inviabilidad de proseguir la actividad económica o profesional.

- Por fuerza mayor, determinante del cese temporal o definitivo de la actividad económica o profesional.

- Por pérdida de la licencia administrativa, siempre que la misma constituya un requisito para el ejercicio de la actividad económica o profesional y no venga motivada por la comisión de infracciones penales.

- Por violencia de género [arts. 331.1.d) de la LGSS, 21.5 de la Ley Orgánica 1/2004, de 28 de diciembre, y 38.5 de la Ley Orgánica 10/2022, de 6 de septiembre].

- Por divorcio o separación matrimonial, mediante resolución judicial, en los supuestos en que el autónomo ejerciera funciones de ayuda familiar en el negocio de su excónyuge o de la persona de la que se ha separado, en función de las cuales estaba incluido en el correspondiente Régimen de la Seguridad Social.

A TENER EN CUENTA. Cuando la persona trabajadora por cuenta propia o autónoma tenga a uno o más trabajadores a su cargo y concurra alguna de las causas expuestas, será requisito previo al cese de actividad el cumplimiento de las garantías, obligaciones y procedimientos regulados en la legislación laboral (art. 330.2 de la LGSS).

Los **requisitos** para el nacimiento del derecho a la protección por cese de actividad se regulan en el art. 330 de la LGSS:

- Estar afiliadas y en alta en el Régimen Especial de Trabajadores por Cuenta Propia o Autónomos o en el Régimen Especial de los Trabajadores del Mar, en su caso.

- Tener cubierto el período mínimo de cotización exigido legalmente (art. 338 de la LGSS).

- Encontrarse en situación legal de cese de actividad, suscribir el acuerdo de actividad (art. 3 de la Ley 3/2023, de 28 de febrero), y acreditar activa disponibilidad para la reincorporación al mercado de trabajo a través de las actividades formativas, de orientación profesional y de promoción de la actividad emprendedora a las que pueda convocarle el servicio público de empleo de la correspondiente comunidad autónoma o, en su caso, el Instituto Social de la Marina.

- En el supuesto de cese definitivo, no haber cumplido la edad ordinaria para causar derecho a la pensión contributiva de jubilación, salvo que el trabajador autónomo no tuviera acreditado el período de cotización requerido para ello.

- Hallarse al corriente en el pago de las cuotas a la Seguridad Social. No obstante, si en la fecha de cese de actividad no se cumpliera este requisito, el órgano gestor invitará al pago al trabajador autónomo para que en el plazo improrrogable de treinta días naturales ingrese las cuotas debidas. La regularización del descubierto producirá plenos efectos para la adquisición del derecho a la protección.

• Para causar derecho al cese previsto por motivos económicos, técnicos, productivos u organizativos [art. 331.1.a), puntos 4.º y 5.º, de la LGSS], la persona trabajadora autónoma no podrá ejercer otra actividad (salvo lo previsto en el art. 342.3 de la LGSS).

El art. 339 de la LGSS regula la cuantía de la prestación económica por cese de la actividad.

Cuantía de la prestación por cese de actividad	Con carácter general	70 % Base reguladora	BR: Promedio de las bases por las que se hubiere cotizado durante los 12 meses continuados e inmediatamente anteriores a la situación legal de cese.
			Régimen especial de los trabajadores del mar: se calculará sobre la totalidad de la base de cotización por esta contingencia, sin aplicación de los coeficientes correctores de cotización. Los períodos de veda obligatoria aprobados por la autoridad competente no se tendrán en cuenta para el cómputo del período de doce meses continuados e inmediatamente anteriores a la situación legal de cese de actividad, siempre y cuando en esos períodos de veda no se hubiera percibido la prestación por cese de actividad.
	Desde el 01/01/2023	50 % Base reguladora	Supuestos epígrafes 4.º y 5.º del art. 331.1.a) de la LGSS: − Cuando la persona trabajadora autónomo tenga trabajadores asalariados y realice un ERTE de suspensión de contrato o reducción de jornada [supuestos previstos en el art. 331.1.a).4.º de la LGSS]. − En caso de existencia de deudas cuando la persona trabajadora autónoma no tenga trabajadores asalariados [supuestos previstos en el art. 331.1.a).5.º de la LGSS]. Suspensión temporal parcial debida a fuerza mayor [art. 331.1.b) de la LGSS].
	Cuantía mínima		107 % o del 80 % IPREM, según el trabajador autónomo tenga hijos a su cargo o no.
	Cuantía máxima Uno o más hijos a cargo		175 % IPREM
	No se aplicará el límite máximo ni mínimo		No serán de aplicación estos límites a supuestos previstos en los epígrafes 4.º y 5.º del apartado 1.a) del artículo 331 ni a los supuestos de suspensión temporal parcial debidas a fuerza mayor previstos en el artículo 331.1.b) de la LGSS.

La prestación **también supondrá el abono de la cotización a la Seguridad Social del trabajador autónomo** al régimen correspondiente [art. 329.1.b) de la LGSS]:

- **Con carácter general: el órgano gestor se hará cargo de la cuota que corresponda durante la percepción de las prestaciones económicas por cese de actividad.** La base de cotización durante ese período corresponde a la base reguladora de la prestación por cese de actividad, sin que, en ningún caso, la base de cotización pueda ser inferior al importe de la base mínima o base única de cotización prevista en el correspondiente régimen.

- **Supuestos epígrafes 4.° y 5.° del art. 331.1.a) de la LGSS:** el órgano gestor se hará cargo del 50 por ciento de la cuota que corresponda durante la percepción de la prestación económica, siendo el otro 50 por ciento a cargo del trabajador. El órgano gestor abonará a la persona trabajadora autónoma, junto con la prestación por cese de la actividad, el importe de la cuota que le corresponda, siendo la persona trabajadora autónoma la responsable del ingreso de la totalidad de las cotizaciones a la Seguridad Social.

- **En caso de violencia de género o la violencia sexual determinante del cese temporal o definitivo de la actividad de la trabajadora autónoma** [supuesto art. 331.1.d) de la LGSS]: no existirá la obligación de cotizar a la Seguridad Social.

A efectos de calcular las cuantías máxima y mínima de la prestación por cese de actividad:

- **Se entenderá que se tienen hijos a cargo,** cuando estos sean menores de veintiséis años, o mayores con una discapacidad en grado igual o superior al 33 por ciento, carezcan de rentas de cualquier naturaleza iguales o superiores al salario mínimo interprofesional excluida la parte proporcional de las pagas extraordinarias, y convivan con el beneficiario.

- **Se tendrá en cuenta el indicador público de rentas de efectos múltiples mensual,** incrementado en una sexta parte, vigente en el momento del nacimiento del derecho.

RESOLUCIONES RELEVANTES

STSJ de la Comunidad Valenciana n.° 949/2014, de 15 de abril, ECLI:ES:TSJCV:2014:2687

La norma condiciona la concesión de la prestación, no solo a tener determinada carencia mínima, a partir de la cual la duración de la prestación puede llegar a ser de un año, sino también a **hallarse al corriente en el pago. Para el TS, debió hacerse efectivo el mecanismo de la invitación al pago,** expresamente recogido en la norma que especialmente regula el cese de actividad, pues tal mecanismo conlleva la validez de las cotizaciones ingresadas en su cumplimiento. Tras mencionar que la propia D.A. 39.ª del Texto Refundido de la LGSS concede validez a las cuotas ingresadas por tal mecanismo o con retraso, entiende que «en la cotización previa a efectos de la prestación de cese de actividad se computan todas las cotizaciones correspondientes a períodos de alta y actividad anteriores al hecho causante, ya efectuadas en su momento o con posterioridad a iniciativa del autónomo o tras el mecanismo de invitación al pago».

STSJ de Castilla y León, rec. 97/2016, de 9 de marzo de 2016, ECLI:ES:TSJCL:2016:881

La normativa reguladora «no contiene, para determinar el concepto de pérdidas e ingresos, otros criterios distintos a los que resultan de la legislación contable, por lo que el autónomo no debe computar su subsidio de incapacidad temporal o cualquier otra prestación de Seguridad Social sustitutiva de las rentas del trabajo como ingresos para determinar si tiene beneficios o pérdidas».

1.3.6. Servicios sociales, prestaciones familiares y asistencia social en el RETA

Serán las prestaciones establecidas legalmente y, en todo caso, comprenderá las prestaciones en materia de reeducación, de rehabilitación de personas con discapacidad, de asistencia a la tercera edad y de recuperación profesional.

De las llamadas prestaciones familiares, el autónomo únicamente se beneficia de la modalidad no contributiva, que, como todo este tipo de prestaciones, dependerán de la falta de rentas.

Las prestaciones económicas de asistencia social (PEAS) son ayudas no periódicas, destinadas a las personas físicas de escasos recursos económicos con el fin de atender concretas situaciones de necesidad o emergencia.

La carencia de recursos económicos para afrontar necesidades esenciales relacionadas con la alimentación, la higiene, el vestido, suministros básicos, alojamiento, equipamiento básico del hogar, transporte, prótesis, etc., serán dictaminadas en función de los requisitos establecidos por la institución que las otorgue.

1.3.7. Cuidado de menores afectados por cáncer u otra enfermedad grave en el RETA

Los trabajadores por cuenta propia o autónomos incluidos en el RETA tendrán derecho a la prestación en los mismos términos y condiciones que en el Régimen General (arts. 190-192 de la LGSS y Real Decreto 1148/2011, de 29 de julio), con las siguientes peculiaridades:

- Para las personas trabajadoras por cuenta propia, se considera situación protegida a los períodos de cese parcial en la actividad. Los porcentajes de reducción de jornada, que consistirán en, al menos, un 50 por ciento de la jornada, se entenderán referidos a una jornada de cuarenta horas semanales.

- Al solicitar el subsidio, deberán presentar una declaración indicando expresamente el porcentaje de reducción de su actividad profesional, en relación con una jornada semanal de cuarenta horas. Asimismo, presentarán declaración de la situación de la actividad referida a la parte de jornada profesional que se reduce.

- Para el cálculo del subsidio, la base reguladora establecida será la de la incapacidad temporal derivada de contingencias profesionales o, en su caso, la derivada de contingencias comunes, cuando no se haya optado por la cobertura de las contingencias profesionales.

- Si no se tiene cubierta la contingencia de incapacidad temporal, la base reguladora de la misma estará constituida por la base de cotización de contingencias comunes.

- Cuando no se tenga la cobertura de los riesgos profesionales, será competente para la gestión de la prestación la entidad gestora o mutua que asuma la cobertura de la incapacidad temporal por contingencias comunes.

- Si no se ha optado por la cobertura de la incapacidad temporal, la gestión se atribuirá a la correspondiente entidad gestora de la Seguridad Social.

2.
COTIZACIÓN DEL AUTÓNOMO Y SU INCIDENCIA EN LA PRESTACIÓN POR JUBILACIÓN

Entender la importancia de la base de cotización (lo que se paga de cuota de autónomos) en relación con la prestación de jubilación es sencillo: al autónomo le corresponderá una pensión de jubilación equivalente a un porcentaje de su cotización al RETA (base reguladora) en función de los años cotizados.

2.1. Obligación de cotización para la jubilación: ¿todos los autónomos deben cotizar para la jubilación obligatoriamente?

La cobertura de la jubilación en este régimen especial tendrá carácter obligatorio. La obligación de alta y cotización al referido régimen especial nace con el inicio de la actividad y se mantiene hasta el momento del cese por jubilación.

Históricamente este colectivo podía elegir (con determinadas limitaciones en función de la edad) su base de cotización dentro de una base mínima y una base máxima según lo establecido con carácter anual por la Ley de Presupuestos Generales del Estado. Esto hacía que el autónomo se pudiera plantear incrementar las bases de cotización ante la proximidad de la jubilación con el fin de obtener una futura prestación mayor. Tras la implantación del nuevo sistema de cotización según los rendimientos reales esta posibilidad (que ya se encontraba limitada anteriormente según la edad del autónomo) ha desaparecido.

2.2. Cotización al RETA y su regularización anual

Las personas autónomas cotizarán a la Seguridad Social en función de sus rendimientos netos anuales, obtenidos en el ejercicio de todas sus actividades económicas, empresariales o profesionales [arts. 308 de la LGSS, 46 del Real Decreto 2064/1995, de 22 de diciembre, 8.2 de la Ley 47/2015, de 21 de octubre y 53.1 del Real Decreto 2064/1995, de 22 de diciembre] en función de los rendimientos íntegros obtenidos (calculados de acuerdo con lo establecido en el art. 308.1 de la LGSS). La persona trabajadora autónoma cotizará por la base de cotización que corresponda a su tramo de ingresos conforme a las tablas generales y reducidas vigentes para cada año (D.T. 1.ª del Real Decreto-ley 13/2022, de 26 de julio y Real Decreto 665/2024, de 9 de julio).

Los rendimientos netos se calcularán deduciendo de los ingresos todos los gastos producidos en ejercicio de la actividad y necesarios para la obtención de ingresos. Sobre esa cantidad, se aplica adicionalmente una deducción por gastos genéricos (7 % de los rendimientos netos para autónomos persona física y 3 % para los autónomos societarios).

Como indica la regla 6.ª del art. 308.1.a) de la LGSS, **las bases de cotización mensuales elegidas anualmente por el autónomo tendrán carácter provisional, hasta que se proceda a su regularización.**

Con el actual sistema de cotización al RETA, por tanto, el autónomo deberá tener presente una serie de supuestos:

COTIZACIÓN AL RÉGIMEN ESPECIAL DE TRABAJADORES AUTÓNOMOS EN FUNCIÓN DE LOS RENDIMIENTOS ANUALES

Con efectos de 01/01/2023: nueva cotización por ingresos reales

1.º ➜ **Cuantificar de forma provisional los ingresos netos previsibles.**

- El autónomo deberla realizar una aproximación de las ganancias previsibles entre el 1 de enero y el 31 de diciembre de acuerdo con los términos previstos en la regla 1.ª del art 308.1.c) de la LGSS.

2.º ➜ **En función de los ingresos provisionales, se escoge un tramo de las tablas de cotización.**

- En función de la previsión de ingresos netos anuales, el autónomo se situará en uno de los tramos establecidos en la tabla (general o reducida) de la D.T. 1.ª del Real Decreto-ley 13/2022, de 26 de julio y orden anual de cotización.

3.º ➔ **Comunicación a la TGSS de los ingresos netos previsibles y cotizar mensualmente.**

- El **portal de la Seguridad «Import@ss»** permite realizar la comunicación de la previsión de ingresos y obtener información sobre cuánto y cuándo se deberán abonar las cuotas.

4.º ➔ **Posibilidad de cambiar la base de cotización si varían los rendimientos.**

- Es posible realizar **cambios de cotización al RETA hasta seis veces al año.**

5.º ➔ **Presentación de la declaración de la renta y cruce de datos.**

- Se realizará una **regularización anual de la cotización** al RETA en función de la declaración de IRPF presentada al año siguiente, conforme a las reglas establecidas al efecto.

6.º ➔ **Devolución o regularización de las cuotas al RETA.**

- Si en función de los rendimientos netos reales, el autónomo ha cotizado de menos: **dos meses para pagar el déficit en la cotización.**
- Si en función de los rendimientos netos reales, el autónomo ha cotizado de más: **en cuatro meses la TGSS devolverá lo sobrecotizado.**

Cotización al RETA: ¿cuánto se paga por jubilación en la cuota de autónomos?

La cotización por IT se incluye en la cuota mensual que los autónomos deben abonar a la Seguridad Social. Esta cuota cubre tanto las contingencias comunes como las profesionales.

Para el **año 2024,** la D.T. 1.ª del Real Decreto-ley 13/2022, de 26 de julio y la Orden PJC/51/2024, de 29 de enero, fija los siguientes tramos (**art. 16 de la Orden PJC/51/2024, de 29 de enero**):

..	Tramo	Rendimientos netos 2024 (euros/mes)	Base mínima (euros/ mes)	Base máxima (euros/ mes)
Tabla reducida.	Tramo 1.	<=670	735,29	816,98
Tabla reducida.	Tramo 2.	> 670 y <=900	816,99	900

..	Tramo	Rendimientos netos 2024 (euros/mes)	Base mínima (euros/mes)	Base máxima (euros/mes)
Tabla reducida.	Tramo 3.	>900 y < 1.166,70	872,55	1.166,70
Tabla general.	Tramo 1.	>= 1.166,70 y <=1.300	950,98	1.300
Tabla general.	Tramo 2.	> 1.300 y <=1.500	960,78	1.500
Tabla general.	Tramo 3.	> 1.500 y <=1.700	960,78	1.700
Tabla general.	Tramo 4.	> 1.700 y <=1.850	1.045,75	1.850
Tabla general.	Tramo 5.	> 1.850 y <=2.030	1.062,09	2.030
Tabla general.	Tramo 6.	> 2.030 y <=2.330	1.078,43	2.330
Tabla general.	Tramo 7.	> 2.330 y <=2.760	1.111,11	2.760
Tabla general.	Tramo 8.	> 2.760 y < =3.190	1.176,47	3.190
Tabla general.	Tramo 9.	> 3.190 y <=3.620	1.241,83	3.620
Tabla general.	Tramo 10.	> 3.620 y <= 4.050	1.307,19	4.050
Tabla general.	Tramo 11.	> 4.050 y <=6.000	1.454,25	4.720,50
Tabla general.	Tramo 12	> 6.000	1.732,03	4.720,50

|| Los tipos de cotización al RETA para el año 2024

Las bases y tipos de cotización a la Seguridad Social y por los conceptos que se recauden conjuntamente con las cuotas de la Seguridad Social serán los que establezca cada año la correspondiente Ley de Presupuestos Generales del Estado (art. 16.2 de la Orden PJC/51/2024, de 29 de enero):

- **Para las contingencias comunes**, un 28,30 % de la base de cotización

  Cuando se tenga cubierta la IT en otro régimen de la Seguridad Social y el autónomo no opte por acogerse voluntariamente a la cobertura de esta prestación (art. 315 de la LGSS): reducción en la cuota que correspondería ingresar (de acuerdo con el tipo para contingencias comunes) equivalente a multiplicar el coeficiente reductor del 0,055 por dicha cuota.

- **Para contingencias profesionales**, un 1,30 % de la base de cotización:
  - 0,66 % corresponde a la contingencia de incapacidad temporal.
  - 0,64 % corresponde a la contingencia de incapacidad permanente, muerte y supervivencia.
  - En caso de no tener cubierta esta contingencia: cotización adicional del 0,10 % sobre la base de cotización elegida (para la financiación de las prestaciones por riesgo durante el embarazo o lactancia natural).

- **Para cese de actividad**, un 0,90 % de la base de cotización.

- **Para formación profesional**, un 0,10 % de la base de cotización.

- **Mecanismo de equidad intergeneracional (MEI)**, el 0,70 % (sobre la base de cotización por contingencias comunes).

> **A TENER EN CUENTA.** La base de cotización correspondiente a la protección por formación profesional y por cese de actividad de los trabajadores incluidos en el RETA será aquella por la que hayan optado los trabajadores incluidos en el régimen, aplicándose a estos efectos las normas de determinación de la base de cotización previstas en los arts. 16 y 17 de la Orden PJC/51/2024, de 29 de enero.

Otras peculiaridades (art. 35 de la Orden PJC/51/2024, de 29 de enero):

- Base de cotización durante la percepción de las prestaciones por cese de actividad: será la correspondiente a la base reguladora de la misma en los términos establecidos en el art. 339.1 de la LGSS, sin que, en ningún caso, pueda ser inferior al importe de la base mínima o base única vigente en el correspondiente régimen y de acuerdo con las circunstancias específicas concurrentes en el beneficiario

- Situación de incapacidad temporal transcurridos 60 días de los trabajadores autónomos: en la situación de incapacidad temporal con derecho a prestación económica, transcurridos sesenta días en dicha situación desde la baja médica, corresponderá hacer efectivo el pago de las cuotas, por todas las contingencias, a la mutua colaboradora con la Seguridad Social o, en su caso, al Servicio Público de Empleo Estatal (art. 309.2 de la LGSS). De haberse ejercitado la opción a la que se refiere el apartado primero durante la situación de incapacidad temporal, sus efectos quedarán demorados al día siguiente al que se produzca el alta médica, manteniéndose como base de cotización la del mes inmediatamente anterior a la fecha de la baja médica.

¿Cómo influye la base de cotización en la prestación de jubilación del autónomo?

La base de cotización (BC) elegida por el autónomo influye directamente en la cuantía de la prestación por jubilación. Una base de cotización más alta implica una mayor prestación en caso de jubilación, mientras que una base de cotización más baja resultará en una prestación menor.

A modo de ej. un autónomo con unos rendimientos mensuales de 5.000 y unos gastos de 1.100, tendría un rendimiento neto de 3.627 euros al mes. A ese rendimiento le correspondería una base de cotización de entre 1.307,19 euros de mínima y 4.050 euros de máxima (tramo 10 de la tabla D.T. 1.ª del Real Decreto-ley 13/2022, de 26 de julio y art. 16 de la Orden PJC/51/2024, de 29 de enero).

Supongamos que el autónomo ha cotizado durante 40 años. Ante los datos expuestos la cuota mensual sería:

- Por la base mínima de cotización permitida (1.307,19 euros): 409,15 euros/mes.

- Por la base máxima de cotización permitida (4.050 euros): 1.267,65 euros/mes.

La cuantía de la pensión de un autónomo se concretará en función de los años que haya cotizado a lo largo de su vida laboral y de las bases de cotización que haya elegido en cada momento, aplicando lo establecido en el art. 209.1 de la LGSS y sus disposiciones transitorias.

Para simplificar el ej. debemos tener en cuenta que **cuatro factores:**

- **Base de cotización:** como veremos en el ej. siguiente es el factor más importante para determinar la prestación. Su cuantía en modo global durante 25 años determina el valor de la base reguladora (BR) de la pensión.

- **Años cotizados acreditables:** la base media por la que se ha cotizado en los últimos 25 años se tomará como referencia para los cálculos, es decir, se tendrán en cuenta las cotizaciones desde los 42 años aproximadamente.

- **Edad a la que se accede a la jubilación:** si el autónomo se jubila antes de la edad establecida en cada momento no optará a jubilarse con el 100 % de su base reguladora (aplicándose el siguiente punto).

- **Porcentajes aplicable sobre la BR de la pensión:** el porcentaje de la base reguladora que el autónomo cobrará puede verse disminuido si se accede a la prestación antes de la edad ordinaria de jubilación establecida.

Dado que la reforma de las pensiones estableció un incremento paulatino de la edad legal de jubilación para pasar de los 65 a los 67 años y del periodo mínimo de cotización, para que un autónomo pueda jubilarse con un 100 % de su base reguladora tendrán que estar en una de estas situaciones:

- Tener 65 años y haber cotizado un mínimo de 38 años en la fecha de solicitud.
- Tener cumplidos 66 años y 6 meses.

CUESTIÓN

¿Cómo se modificarán los requisitos relativos al incremento del periodo de cotización y edad mínima para acceder a la jubilación y cobrar el 100 %?

Según la D.T. 7.ª de la LGSS:

- **Durante el año 2024:** 38 o más años cotizados con 65 años; o bien, menos de 38 años cotizados con 66 años y 6 meses.
- **Durante el año 2025:** 38 años y 3 meses o más con 65 años; o bien, menos de 38 años y 3 meses cotizados con 66 años y 8 meses.
- **Durante el año 2026:** 38 años y 3 meses o más con 65 años; o bien, menos de 38 años y 3 meses cotizados con 66 años y 10 meses.
- **A partir del año 2027 2027:** 38 años y 6 meses o más con 65 años; o bien, menos de 38 años y 6 meses cotizados con 67 años.

A modo de ejemplo simple imaginemos que en los últimos 40 años la base de cotización ha sido la mínima o máxima actual. Lo primero que debemos tener en cuenta es que la normativa aplicable actualmente será modificada a partir del 01/01/2026. De esta manera, para ayudar a la comprensión de las modificaciones que se avecinan y la diferencia entre cotizar por la máxima o la mínima en función del tramo de rendimientos netos realizaremos los dos cálculos de forma sencilla:

Cálculo de la BR para la jubilación según la normativa aplicable a partir del 01/01/2026

La base reguladora de la pensión de jubilación será el cociente que resulte de dividir entre 378, la suma de las bases de cotización del interesado durante 324 meses (27 años) anteriores al del mes previo al del hecho causante (art. 209 de la LGSS vigente desde el 01/01/2026). De esta forma:

- Pensión cotizando por la base mínima de cotización permitida (1.307,19 euros): 409,15 euros/mes.

27 años x 12 meses = 324 meses.

324 meses x 1.307,19 euros = 423.529,56 euros.

423.529,56 / 378= 1.120,44 euros.

- Pensión cotizando por la base máxima de cotización permitida (4.050 euros): 1.267,65 euros/mes.

27 años x 12 meses = 324 meses.

324 meses x 4.050 euros = 1.312.200 euros.

1.312.200 / 378 = 3.471,42 euros.

‖ Cálculo de la BR para la jubilación según la normativa aplicable hasta el 01/01/2026

La base reguladora de la pensión de jubilación será el cociente que resulte de dividir entre 305, la suma de las bases de cotización del interesado durante 300 meses (25 años) anteriores al del mes previo al del hecho causante (art. 209 de la LGSS vigente hasta el 01/01/2026). De esta forma:

- Pensión cotizando por la base mínima de cotización permitida (1.307,19 euros): 409,15 euros/mes.

25 años x 12 meses = 300 meses.

300 meses x 1.307,19 euros = 392.157 euros.

392.157 / 305 = 1.285,76 euros.

- Pensión cotizando por la base máxima de cotización permitida (4.050 euros): 1.267,65 euros/mes.

25 años x 12 meses = 300 meses.

300 meses x 4050 euros = 1.215.000 euros.

1.215.000 /305 = 3.983,60 euros.

En nuestro ej. —partiendo de que en cada momento se cumplen los requisitos de edad y cotización necesarios—, las cantidades expuestas supondrán el 100 % de su base reguladora y solo quedaría prorratear la cantidad por 14 pagas.

Posibilidad de cotizar en un tramo superior al que corresponde

La D.T. 6.ª del Real Decreto-ley 13/2022, de 26 de julio instauró la posibilidad de que los trabajadores por cuenta propia o autónomos que vinieren cotizando por una base de cotización superior a la que les correspondería por razón de sus rendimientos pudieran mantener dicha base de cotización, o una inferior a esta, aunque sus rendimientos determinen la aplicación de una base de cotización inferior la que les correspondiese. Esta posibilidad se ha mantenido por las posteriores órdenes de cotización siempre que el alta fuera anterior al 31 de diciembre de 2022 y se mantenga en los años posteriores.

Con carácter general, si la base de cotización promedio mensual es superior a la base máxima del tramo que corresponda, la base de cotización definitiva será la base máxima de dicho tramo, y se procederá a devolver de oficio en un solo acto, a través de este procedimiento de regularización, las cuotas correspondientes al total de las diferencias, positivas o negativas, entre la base de cotización máxima correspondiente al tramo y las bases de cotización provisionales de cada mes. No obstante, el colectivo analizado, podrán renunciar a la devolución de cuotas, adquiriendo en este caso las bases de cotización provisionales la condición de definitivas sin que las mismas puedan superar, en ningún caso, el importe de la base de cotización correspondiente a 31 de diciembre de 2022. No obstante, cuando el autónomo a fecha 31 de diciembre de 2022, cotizase por una base de cotización superior y hubiese mantenido su alta en el RETA sin modificarla, puede optar por (TGSS. Nuevo sistema de cotización para autónomos 2023. Transitoriedad).

- Cotizar por la base de cotización que le corresponde en función de sus rendimientos netos anuales, es decir, por la base máxima del tramo 2 de la tabla general de bases de cotización, ya que es el tramo en el que se encuentran sus rendimientos y el promedio mensual de las bases de cotización por las que ha venido cotizando provisionalmente es superior a la base máxima establecida para el tramo de esos rendimientos, procediendo a la devolución de las diferencias que corresponda.

- Convertir la base superior a la de su tramo en definitiva en definitiva (siempre que el importe de esta es igual que el de la base de cotización por la que venía cotizando a 31 de diciembre de 2022) renunciando a la devolución.

3.
¿CÓMO FUNCIONA LA JUBILACIÓN DE LOS AUTÓNOMOS?

A las personas trabajadoras autónomas les será de aplicación en materia de jubilación lo dispuesto en los arts. 205; 206; 206 bis; 208; 209, excepto la letra b) del apartado 1; 210; 213, 214, 249 quater y la D.T. 34.ª de la LGSS.

La jubilación de los autónomos se refiere al **proceso mediante el cual los trabajadores por cuenta propia acceden a la pensión de jubilación**. Este proceso está regulado por diversas leyes y decretos que establecen las condiciones y requisitos necesarios para que los autónomos puedan jubilarse y recibir una pensión **tratando de homogeneizar las condiciones con las del Régimen General.**

Es fundamental planificar con tiempo y cotizar lo suficiente para garantizar una pensión digna lo que implica necesariamente **tener en cuenta la base de cotización, los años cotizados, la edad en la que se pretenda cesar la actividad, la posibilidad de compatibilizar actividad y pensión** o diversos factores que pueden incrementar o disminuir la prestación.

Con carácter general, cuando el autónomo cumpla con los requisitos mínimos de cotización y edad accederá a la denominada prestación contributiva de jubilación y si no los alcanza le correspondería una prestación no contributiva. No obstante, como analizaremos, existen diversas modalidades que permiten anticipar, demorar o combinar con la actividad desarrollada la jubilación.

Al igual que sucede en el RGSS, el autónomo también se verá afectado por los topes mínimos y máximos establecidos anualmente para la prestación y podrá solicitar el complemento para la reducción de la brecha de género o por mínimos.

3.1. Tipos de jubilación y sus características

3.1.1. Jubilación ordinaria del autónomo y sus peculiaridades: ¿cuándo se puede jubilar un autónomo?

La prestación por jubilación en el Régimen Especial de Trabajadores Autónomos en su modalidad contributiva se calcula igual que en el Régimen General:

- Edad de jubilación del autónomo: edad legal según la letra a) art. 205 de la LGSS y D.T. 7.ª de la LGSS, que se aumentará de forma paulatina hasta los 67 años en 2.027.
- Período mínimo de cotización: 15 años, de los cuales al menos 2 deberán estar comprendidos dentro de los últimos 15 años de trabajo.
- Cuantía: dependerá de la cantidad que se haya cotizado mediante la cuota de autónomos y del número de años cotizados. La cuantía de la pensión se determina aplicando a la base reguladora el porcentaje general que corresponda en función de los años cotizados y, en su caso, el porcentaje adicional por prolongación de la vida laboral o coeficientes reductores que correspondan en el caso de jubilaciones anticipadas y otros supuestos.

3.1.1.1. Edad

La edad legal de jubilación ordinaria aumenta anualmente, durante un periodo transitorio que comenzó en 2013 y terminará en 2027.

¿Cuándo puede jubilarse el autónomo cobrando el 100 %?

La edad de acceso a la pensión de jubilación depende de la edad del interesado y de las cotizaciones acumuladas a lo largo de su vida laboral, siendo necesario haber cumplido la edad de 67 años o 65 años cuando se acrediten 38 años y 6 meses de cotización. No obstante, como es sabido, las edades de jubilación y el período de cotización necesarios para lucrar el 100 % de la BR de la prestación se incrementarán de forma gradual hasta el 01/01/2027, en los siguientes términos (arts. 204, 215 y D.T. 7.ª de la LGSS):

Año	Períodos cotizados	Edad exigida
2013	35 años y 3 meses o más	65 años
	Menos de 35 años y 3 meses	65 años y 1 mes
2014	35 años y 6 meses o más	65 años
	Menos de 35 años y 6 meses	65 años y 2 meses
2015	35 años y 9 meses o más	65 años
	Menos de 35 años y 9 meses	65 años y 3 meses

2016	36 o más años	65 años
	Menos de 36 años	65 años y 4 meses
2017	36 años y 3 meses o más	65 años
	Menos de 36 años y 3 meses	65 años y 5 meses
2018	36 años y 6 meses o más	65 años
	Menos de 36 años y 6 meses	65 años y 6 meses
2019	36 años y 9 meses o más	65 años
	Menos de 36 años y 9 meses	65 años y 8 meses
2020	37 o más años	65 años
	Menos de 37 años	65 años y 10 meses
2021	37 años y 3 meses o más	65 años
	Menos de 37 años y 3 meses	66 años
2022	37 años y 6 meses o más	65 años
	Menos de 37 años y 6 meses	66 años y 2 meses
2023	37 años y 9 meses o más	65 años
	Menos de 37 años y 9 meses	66 años y 4 meses
2024	38 o más años	65 años
	Menos de 38 años	66 años y 6 meses
2025	38 años y 3 meses o más	65 años
	Menos de 38 años y 3 meses	66 años y 8 meses
2026	38 años y 3 meses o más	65 años
	Menos de 38 años y 3 meses	66 años y 10 meses
A partir de 2027	38 años y 6 meses o más	65 años
	Menos de 38 años y 6 meses	67 años

CUESTIONES

1. Los autónomos que quieran jubilarse en el año 2024 cobrando el 100 % de su base reguladora ¿a qué edad podrían hacerlo?, ¿cuántos años cotizados necesitan?

Teniendo en cuenta el cuadro anterior para el año 2024 (nacidos en 1958), el autónomo debería tener 65 años y haber cotizado un mínimo de 38 años en la fecha de solicitud. En caso de no contar en el momento de la jubilación con 38 años de tiempo mínimo cotizado, tendría que cumplir la edad de 66 años y 6 meses para jubilarse.

2. Los autónomos que quieran jubilarse en el año 2025 cobrando el 100 % de su base reguladora ¿a qué edad podrían hacerlo?, ¿cuántos años cotizados necesitan?

Teniendo en cuenta el cuadro anterior para el año 2025 (nacidos en 1959), el autónomo debería tener 65 años y haber cotizado un mínimo de 38 años y tres meses en la fecha de solicitud. En caso de no contar en el momento de la jubilación con 38 años y tres meses de tiempo mínimo cotizado, tendría que cumplir la edad de 66 años y 8 meses para jubilarse.

¿Cómo se determina la edad de acceso a la pensión de jubilación en función de la cotización?

La regulación normativa hace depender la edad ordinaria de jubilación del período de cotización acreditado expresándolo en años y meses: el porcentaje aplicable a partir de los primeros quince años se define mediante la aplicación de un coeficiente por mes de cotización y los coeficientes reductores por jubilación anticipada difieren según que el interesado tenga 38 años y 6 meses de cotización o no. Es decir, se emplea no solo el año sino también el mes como unidad de tiempo relevante para distintos aspectos de la jubilación, por lo que se hizo preciso establecer una fórmula objetiva y única que convirtiese la unidad de tiempo «día» en unidad de tiempo «mes», fórmula que ha de garantizar el principio de igualdad de trato entre todos los ciudadanos que soliciten una pensión.

A efectos de la **determinación de la edad de acceso a la pensión de jubilación** (art. 1 del Real Decreto 1716/2012, de 28 de diciembre):

«1. (...) El cómputo de los meses se realizará de fecha a fecha a partir de la correspondiente al nacimiento. Cuando en el mes del vencimiento no hubiera día equivalente al inicial del cómputo, se considerará que el cumplimiento de la edad tiene lugar el último día del mes.

2. Los periodos de cotización acreditados por los solicitantes de la pensión de jubilación, a los efectos de poder acceder a la pensión de jubilación al cumplimiento de la edad que, en cada caso, resulte de aplicación, vendrán reflejados en días y, una vez acumulados todos los días computables, sin que se tenga en cuenta la parte proporcional correspondiente a las pagas extraordinarias, serán objeto de transformación a años y meses, con las siguientes reglas de equivalencia:

a) El año adquiere el valor fijo de 365 días y

b) el mes adquiere el valor fijo de 30,41666 días.

Para el cómputo de los años y meses de cotización se tomarán años y meses completos, sin que se equiparen a un año o a un mes las fracciones de los mismos.

3. Para determinar los periodos de cotización computables para fijar la edad de acceso a la pensión de jubilación, además de los días efectivamente cotizados por el interesado, se tendrán en cuenta:

a) Los días que se consideren efectivamente cotizados, conforme a lo establecido en el artículo 180.1 y 2 de la Ley General de la Seguridad Social [actualmente 237.1 y 2 LGSS], como consecuencia de los periodos de excedencia que disfruten los trabajadores, de acuerdo con el artículo 46.3 del texto refundido de la Ley del Estatuto de los Trabajadores, aprobado por el Real Decreto legislativo 1/1995, de 24 de marzo.

b) Los días que se computen como periodo cotizado en concepto de beneficios por cuidado de hijos o menores acogidos, según lo dispuesto en la disposición adicional sexagésima de la Ley General de la Seguridad Social y en el artículo 6 de este real decreto.

c) Los periodos de cotización asimilados por parto que se computen a favor de la trabajadora solicitante de la pensión, de acuerdo con lo establecido en la disposición adicional cuadragésima cuarta de la Ley General de la Seguridad Social».

A TENER EN CUENTA. Respecto a la determinación de la cuantía, porcentaje aplicable y base reguladora de la pensión por jubilación se aplicará la versión vigente del art. 209.1 y DD.TT. 8.ª y 40.ª de la LGSS en cada momento.

Adicionalmente se han introducido algunas previsiones específicas para fijar la edad de acceso a la pensión de jubilación más favorable:

- **Beneficios por cuidado de hijos o menores** (art. 236 de la LGSS): protección en las situaciones de interrupción de la cotización en los supuestos de nacimiento o adopción de hijos o acogimiento de menores y ampliación de los periodos considerados como cotizados en los casos de excedencia por cuidado de hijos o menores acogidos. El Real Decreto 1716/2012, de 28 de diciembre desarrolla el contenido y facilita la aplicabilidad de estos beneficios en la gestión de las prestaciones, contemplando los supuestos en que aquellos concurran con el reconocimiento de días asimilados por parto y con los periodos de cotización efectiva derivados de las situaciones de excedencia antes mencionadas.

  «1. Sin perjuicio de lo dispuesto en el artículo anterior, se computará como periodo cotizado a todos los efectos, salvo para el cumplimiento del período mínimo de cotización exigido, aquel en el que se haya interrumpido la cotización a causa de la extinción de la relación laboral o de la finalización del cobro de prestaciones por desempleo cuando tales circunstancias se hayan producido entre los nueve meses anteriores al nacimiento, o los tres meses anteriores a la adopción o acogimiento permanente de un menor, y la finalización del sexto año posterior a dicha situación.

  El período computable como cotizado será como máximo de doscientos **setenta días por hijo o menor adoptado o acogido**, sin que en ningún caso pueda ser superior a la interrupción real de la cotización.

  Este beneficio solo se reconocerá a uno de los progenitores. En caso de controversia entre ellos se otorgará el derecho a la madre.

  2. En cualquier caso, la aplicación de los beneficios establecidos en este artículo no podrá dar lugar a que el período de cuidado de hijo o menor, considerado como período cotizado, supere cinco años por beneficiario. Esta limitación se aplicará, de igual modo, cuando los mencionados beneficios concurran con los contemplados en el artículo 237.1».

- **Periodos de cotización asimilados por parto** (art. 235 de la LGSS), «A efectos de las pensiones contributivas de jubilación y de incapacidad permanente, se computarán a favor de la trabajadora solicitante de la pensión un total de ciento doce días completos de cotización por cada parto de un solo hijo y de catorce días más por cada hijo a partir del segundo, este incluido, si el parto fuera múltiple, salvo que, por ser trabajadora o funcionaria en el momento del parto, se hubiera cotizado durante la totalidad de las dieciséis semanas o durante el tiempo que corresponda si el parto fuese múltiple».

¿Existen excepciones para rebajar o anticipar la edad ordinaria de jubilación?

Para las personas trabajadoras autónomas también existen determinados **supuestos especiales en los que la edad mínima puede ser rebajada o anticipada.** Este aspecto (D.T. 5.ª de la LGSS) lo analizaremos en el siguiente punto.

3.1.1.2. Cotización exigida: ¿cuántos años tiene que cotizar un autónomo para jubilarse?

Como hemos visto, a la par que aumenta la edad de jubilación, también lo hacen los años de cotización requeridos tanto para jubilarse a la edad ordinaria, como para jubilarse a los 65 años. Lo escala años cotizados- edad vista anteriormente se aplicaría para tener derecho al 100 % de la pensión de jubilación. No obstante, no podemos sino recordar como el art. 205 de la LGSS —que identifica a los «beneficiarios» de la pensión analizada— requiere, para que la misma pueda ser causada, «tener cubierto un período mínimo de cotización de quince años, de los cuales al menos dos deberán estar comprendidos dentro de los quince años inmediatamente anteriores al momento de causar el derecho». Por lo tanto, **para el acceso a la pensión contributiva de jubilación, será necesario tener cubierto un período mínimo de cotización de quince años, de los cuales al menos dos deberán estar comprendidos dentro de los quince años inmediatamente anteriores al momento de causar el derecho.**

Esto supone que, para acceder a la pensión de jubilación, hay que cumplir dos cómputos:

- **Período de cotización genérico a lo largo de toda la vida laboral:** 15 años (5.475 días). El requisito inicial para tener derecho a causar una pensión de jubilación contributiva como autónomo es tener un mínimo de 15 años cotizados en el RETA. Si no se llega a esos 15 años cotizados, el autónomo no podrá acceder a la pensión contributiva, pero sí a una pensión no contributiva de jubilación.

- **Período de cotización específico:** 2 años (730 días) deberán estar comprendidos dentro de los 15 años (5.475 días) inmediatamente anteriores al momento de causar el derecho o a la fecha en que cesó la obligación de cotizar.

A TENER EN CUENTA. Para que un autónomo pueda cobrar la pensión de jubilación mínima (50 % de la BR), es necesario haber cotizado a la Seguridad Social durante un mínimo de 15 años, de los cuales al menos dos años deben ser inmediatamente anteriores al momento de la jubilación. (STSJ de Canarias, rec. 73/2022, de 15 de marzo de 2023, ECLI:ES:TSJICAN:2023:305).

¿Qué sucede si el autónomo no ha cotizado lo suficiente cuando cumple la edad legal de jubilación?

Si el autónomo no hubiese cotizado al menos 15 años, no tendría derecho a percibir una pensión contributiva por jubilación.

Cuando un autónomo no tenga el periodo mínimo legal establecido de cotización al sistema de la Seguridad Social para el acceso a la pensión contributiva de jubilación podrá:

|| Prestación no contributiva de jubilación

La pensión no contributiva de jubilación asegura a todos los ciudadanos, españoles y nacionales de otros países, con residencia legal en España, en esta situación y en estado de necesidad una prestación económica, asistencia médico-farmacéutica gratuita y servicios sociales complementarios, siempre que cumplan los siguientes requisitos (RD 118/1998, de 30 de enero y arts. 369-372 de la LGSS):

1. Ser mayor de 65 años en la fecha de la solicitud.
2. Residir en territorio español y haberlo hecho durante un período de 10 años, en el período que media entre la fecha de cumplimiento de los 16 años y la de devengo de la pensión, de los cuales dos han de ser consecutivos e inmediatamente anteriores a la fecha de la solicitud de la pensión.
3. Carecer de rentas o ingresos suficientes. [art. 363.1.d) de la LGSS].

> **JURISPRUDENCIA**
>
> **STS n.º 232/2024, de 7 de febrero de 2024, ECLI:ES:TS:2024:904**
>
> Cálculo del límite de ingresos de la unidad de convivencia a efectos de la percepción de una pensión de jubilación no contributiva cuando el hijo de la beneficiaria abona pensión de alimentos a sus propios hijos.
>
> **STS n.º 253/2024, de 8 de febrero del 2024, ECLI:ES:TS:2024:896**
>
> No forma parte de la unidad económica de convivencia, a efectos de una pensión de jubilación no contributiva, el hijo que está ingresado en prisión cumpliendo condena.
>
> *«(...) el concepto de unidad económica de convivencia ha de estar referenciado a aquellas situaciones en las que existan vínculos de dependencia económica entre los distintos sujetos que la integran».*
>
> **STS, rec. 3006/2008, de 6 de abril de 2009, ECLI:ES:TS:2009:3398**
>
> No se considera como renta a computar a los efectos del reconocimiento de una pensión de jubilación no contributiva la subvención concedida por una administración autonómica para la adquisición de la vivienda habitual.
>
> **STS n.º 106/2023, de 7 de febrero, ECLI:ES:TS:2023:464**
>
> Recuerda la doctrina de la Sala IV en la interpretación de los preceptos legales que regulan esta prestación (arts. 363 y 364 de la LGSS): «(...) la finalidad institucional de las prestaciones no contributivas de la Seguridad Social se orienta, según el preámbulo de la Ley 26/1990 que estableció estas prestaciones, no a proporcionar

rentas de sustitución de las remuneraciones percibidas, sino a asegurar a los ciudadanos que se encuentran en estado de necesidad unas prestaciones mínimas de carácter uniforme para atender a las necesidades básicas de subsistencia ante una situación de insuficiencia de recursos. Son —dice la ley— "prestaciones mínimas" que cubren un "estado de necesidad"; atienden, por tanto, de manera prioritaria a la protección de las necesidades básicas del beneficiario, entre ellas obviamente a su sustento. En este sentido el límite de ingresos, como requisito al acceso a estas prestaciones, cumple la función de seleccionar esa garantía mínima y uniforme».

Esta pensión se fraccionará en **14 pagas**, correspondientes a cada uno de los meses del año y 2 pagas extraordinarias que se devengarán en los meses de junio y noviembre (art. 46.2 de la LGSS).

La pensión no contributiva de jubilación es incompatible con:

1. La pensión no contributiva de invalidez.
2. Con pensiones asistenciales (PAS) reguladas en la derogada Ley 45/1960, de 21 de julio (suprimidas por la Ley 28/1992, de 24 de noviembre).
3. Los subsidios de garantía de ingresos mínimos y por ayuda de tercera persona (Real Decreto Legislativo 1/2013, de 29 de noviembre).
4. Con la condición de causante de la asignación familiar por hijo a cargo mayor de 18 años y con discapacidad igual o superior al 65 %.

En consonancia con lo dispuesto en la D.A. 16.ª Ley 39/2006, de 14 de diciembre, de promoción de la autonomía personal y atención a las personas en situación de dependencia (de acuerdo con la modificación realizada en el art. 210.2 de la LGSS), desde el 1 de enero de 2007, la cuantía de la pensión íntegra calculada en cómputo anual, es compatibles con las rentas o ingresos anuales de que, en su caso, disponga cada beneficiario, siempre que los mismos no excedan del 25 por 100 del importe, en cómputo anual, de la pensión no contributiva. En caso contrario, se deducirá del importe de la pensión no contributiva la cuantía de las rentas o ingresos que excedan de dicho porcentaje, salvo lo dispuesto en el art. 366 de la LGSS, relativo a la compatibilidad de las pensiones.

El derecho a la pensión de jubilación, en su modalidad no contributiva, se extinguirá cuando en el beneficiario concurra alguna de las siguientes circunstancias:

1. Pérdida de la condición de residente legal o traslado de la residencia fuera de territorio español por tiempo superior a noventa días a lo largo de cada año natural.
2. Disponer de rentas o ingresos suficientes en los términos que se definen en el art. 11 del Real Decreto 357/1991, de 15 de marzo.
3. Fallecimiento del beneficiario.

A TENER EN CUENTA. La residencia continuada anterior a la solicitud de la pensión y la posterior al reconocimiento del derecho no se considerará interrumpida por las ausencias del territorio español inferiores a noventa días a lo largo de cada año natural, así como cuando la ausencia esté motivada por causas de enfermedad debidamente justificadas (art. 10.2 del Real Decreto 357/1991, de 15 de marzo).

JURISPRUDENCIA

STS, rec. 2318/2008, de 21 de octubre de 2012, ECLI:ES:TS:2009:7181

Declara conforme a derecho la resolución de la Entidad Gestora revisando una pensión no contributiva, explicando que no nos encontramos ante una revisión de un acto declarativo de reconocimiento de una prestación incluido en el derogado art. 145 de la LPL (vigente arts. 146 de la LRJS), sino ante un acto de gestión ordinaria por el que se adapta la cuantía de la prestación reconocida a una circunstancia sobrevenida después de su reconocimiento. La diferencia entre estos actos es clara y estriba en que mientras la revisión implica la reconsideración de un elemento del acto que existía en el momento inicial en que se dictó, el acto de gestión ordinaria sea extintivo, suspensivo o modificativo hace frente a un hecho sobrevenido después del reconocimiento inicial, que es lo que aquí sucede, al tratarse de un incremento de renta posterior. Los actos de gestión ordinaria no están sometidos al régimen del derogado art. 145 de la LPL (vigente arts.146 de la LRJS). Como señala la STS, rec. 3290/04, de 10 de octubre de 2005, «los supuestos de anulabilidad de la resolución del INSS que otorga el derecho a percibir una prestación de la Seguridad Social, se incardinan claramente en el radio de acción del art. 145 de la LPL, y en cambio difícilmente puede decirse lo mismo de los casos de extinción sobrevenida de tal derecho, como es el de autos».

|| Convenio especial

Otra posible opción en caso de no lucra una prestación contributiva de jubilación sería la de completar las cotizaciones necesarias mediante un convenio especial de la Seguridad Social.

El convenio especial con la Seguridad Social permite la cotización al Régimen de la Seguridad Social (en este caso RETA) para la pensión de jubilación. Para suscribir un convenio especial de estas características se requiere, entre otros requisitos fijados por el art. 2 de la Orden TAS/2865/2003, de 13 de octubre, un período mínimo de cotización a la Seguridad Social de 1.080 días en los 12 años inmediatamente anteriores a su baja en el sistema.

La solicitud se realizará presentando el modelo TA-0040, ante la Dirección provincial de la Tesorería General de la Seguridad Social o Administración de la misma correspondiente al domicilio del solicitante.

El solicitante dispone de dos plazos:

- 90 días siguientes al cese o situación determinante del convenio especial.
- 1 año siguiente al cese o situación determinante del convenio especial.

Del mismo modo, el art. 6 de la Orden TAS/2865/2003 establece las normas sobre la obligación de cotizar y la base de cotización en el convenio especial del Sistema de la Seguridad Social. Los puntos clave son:

- La cotización es obligatoria desde la fecha de efectos del convenio y mientras este se mantenga vigente.
- La base de cotización es mensual y se puede elegir entre varias opciones: a) La base máxima por la que se haya cotizado al menos 24 meses en los últimos 5 años. b) La base resultante de dividir por 12 la suma de las bases de cotización de los últimos 12 meses. c) La base

mínima del Régimen Especial de Trabajadores Autónomos. d) Una base entre las opciones a), b) y c).

- Las bases de cotización pueden incrementarse automáticamente cada año según el aumento de la base máxima de cotización.
- Si la base mínima de cotización de autónomos cambia, la base del convenio especial se incrementará al menos en el mismo porcentaje.
- Se puede solicitar un incremento automático en la base de cotización.
- La base de cotización no puede superar el tope máximo de cotización vigente.
- Para Regímenes con distintas categorías profesionales, se aplicarán las bases mínima o máxima correspondientes al grupo de cotización del trabajador antes de la baja.
- La base de cotización no puede ser inferior a la base mínima establecida.
- Las modificaciones en la base de cotización deben solicitarse antes del 1 de octubre para tener efecto el 1 de enero del año siguiente. La renuncia a estas opciones sigue el mismo plazo y efectos.

CUESTIONES

1. Un autónomo pretende cumplimentar el tiempo necesario para su jubilación mediante un convenio especial de la Seguridad Social. ¿Qué cantidades tendría que abonar hasta alcanzar el periodo de cotización necesario?

Para determinar la cotización por los distintos tipos de convenio especial, se calculará la cuota íntegra aplicando a la base de cotización que corresponda el tipo único de cotización vigente en el Régimen General por contingencias comunes y el resultado obtenido se multiplicará por el coeficiente que en cada caso corresponda, constituyendo el producto que resulte la cuota a ingresar.

Para el año 2024 se calculará mediante la siguiente fórmula: [(Base de cotización x 28,3 % x 0,94) + (Base de cotización x 0,6 %)].

Adicionalmente, en los convenios especiales que incluyan la cobertura de pensión de jubilación, se ingresará también la cuota correspondiente al mecanismo de equidad intergeneracional que se determinará aplicando el tipo del 0,70 por ciento sobre la base de cotización por contingencias comunes que corresponda.

A modo de ej. para una base de cotización de 1.500 euros:

Coeficiente a aplicar año 2024 (art. 22 de la Orden PJC/51/2024, de 29 de enero): 0,94 %

MEI año 2024: 0,70 %

Cuota íntegra para el convenio especial: 1.500 x 28,30 % x 0,94 = 399,03 euros

MEI: 1500 x 0,70 % = 10,50 euros.

Total a pagar: 399,03 euros + 10,50 euros = 409,53 euros.

2. ¿Qué sucede si el autónomo ha cotizado más de 15 años pero menos de los que permiten cobrar el 100 % de la base reguladora?

El periodo de 15 años permite cobrar el 50 % de la base reguladora. Si el autónomo hubiese cotizado más de 15 años, pero menos del periodo exigido para el acceso al 100 % de la base reguladora, la pensión varía dependiendo de los años que hubiese cotizado. A partir de esos 15 años cotizados, la D.T. 9.ª de la LGSS regula un incremento de la BR de manera porcentual:

- **Durante los años 2023 a 2026:** por cada mes adicional de cotización entre los meses 1 y 49, el 0,21 por ciento y por cada uno de los 209 meses siguientes, el 0,19 por ciento.

- **A partir del año 2027:** por cada mes adicional de cotización entre los meses 1 y 248, el 0,19 por ciento y por cada uno de los 16 meses siguientes, el 0,18 por ciento.

3.1.1.3. Porcentaje y base reguladora de la pensión por jubilación: ¿qué parámetros regulan la cuantía de la prestación?

La **cuantía de la pensión** se determina aplicando a la base reguladora el porcentaje general que corresponda en función de los años cotizados y, en su caso, el porcentaje adicional por prolongación de la vida laboral o coeficientes reductores que correspondan en el caso de jubilaciones anticipadas y otros supuestos.

A TENER EN CUENTA. La base reguladora de la pensión de jubilación se calculará siguiendo el art. 209 de la LGSS y las DD.TT. 4.ª, 8.ª y 44.ª del mismo texto normativo donde (con las nuevas modificaciones) se especifica un periodo transitorio por el cual la regulación anterior a esta reforma de 2023 se mantendrá para las pensiones de jubilación anteriores al 31/12/2025.

Base reguladora

Regla general para el cálculo de la base reguladora de la pensión de jubilación e incidencia de las modificaciones normativas

En este apartado es en el que encontraremos mayores cambios tras la reforma de las pensiones 2023 realizada por el Real Decreto-ley 2/2023, de 16 de marzo, por lo que hemos optado por dividir este bloque en distintos periodos.

Situación hasta el 31/12/2025 [se aplica la redacción del art. 209.1 de la LGSS vigente hasta el 31/12/2025]

La **base reguladora de la pensión de jubilación** será el cociente que resulte de dividir por **350**, las bases de cotización del interesado durante los **300 meses (25 años)** inmediatamente anteriores al mes previo al del hecho causante, teniendo en cuenta las especificaciones del art. 209 y D.T 8.ª de la LGSS.

Las bases correspondientes a los 24 meses anteriores al mes previo al del hecho causante se computarán en su valor nominal. Las restantes bases se actualizarán de acuerdo con la evolución que haya experimentado el Índice de Precios de Consumo.

Situación a partir del 1 de enero de 2026 [se aplica la redacción del art. 209.1 de la LGSS vigente desde el 01/01/2026]

La base reguladora de la pensión de jubilación será el cociente que resulte de dividir entre **378**, la suma de las bases de cotización del interesado durante **324 meses (27 años)** anteriores al del mes previo al del hecho causante obtenidos de la siguiente forma:

a) **Se seleccionarán los 348 meses (29 años)** consecutivos e inmediatamente anteriores al del mes previo al del hecho causante.

b) Si en el período que haya de tomarse para el cálculo de la base reguladora, según lo dispuesto en el apartado a), aparecieran meses durante los cuales no hubiese existido obligación de cotizar, las primeras cuarenta y ocho mensualidades se integrarán con la base mínima de cotización del Régimen General que corresponda al mes respectivo y el resto de las mensualidades con el 50 por ciento de dicha base mínima.

En los supuestos en que en alguno de los meses a tener en cuenta para la determinación de la base reguladora la obligación de cotizar hubiera existido solo durante una parte del mismo, procederá la integración señalada en el párrafo anterior por la parte del mes en que no exista obligación de cotizar, siempre que la base de cotización correspondiente al primer período no alcance la cuantía de la base mínima mensual establecida para el Régimen General. En tal supuesto, la integración alcanzará hasta esta última cuantía.

c) Las bases correspondientes a los veinticuatro meses inmediatamente anteriores al mes previo al del hecho causante se computarán en su valor nominal.

d) Las restantes bases se actualizarán de acuerdo con la evolución que haya experimentado el Índice de Precios de Consumo desde el mes a que aquéllas correspondan, hasta el mes inmediato anterior a aquel en que se inicie el período a que se refiere la regla anterior.

e) De las 348 bases calculadas conforme a las letras anteriores **se elegirán de oficio las 324 bases de cotización de mayor importe.**

No obstante, esta modificación se aplica de forma gradual en el **periodo 2026-2037** conforme a la nueva D.T. 40.ª de la LGSS:

«Desde 1 de enero de 2026, la base reguladora de la pensión de jubilación será el resultado de dividir entre 352,33 la suma de las 302 bases de cotización de mayor importe comprendidas dentro del período de los 304 meses inmediatamente anteriores al mes previo al del hecho causante.

Desde 1 de enero de 2027, la base reguladora de la pensión de jubilación será el resultado de dividir entre 354,67 la suma de las 304 bases de cotización de mayor importe comprendidas dentro del período de los 308 meses inmediatamente anteriores al mes previo al del hecho causante.

Desde 1 de enero de 2028, la base reguladora de la pensión de jubilación será el resultado de dividir entre 357,00 la suma de las 306 bases de cotización de mayor importe comprendidas dentro del período de los 312 meses inmediatamente anteriores al mes previo al del hecho causante.

Desde 1 de enero de 2029, la base reguladora de la pensión de jubilación será el resultado de dividir entre 359,33 la suma de las 308 bases de cotización de mayor importe comprendidas dentro de los 316 meses inmediatamente anteriores al mes previo al del hecho causante.

Desde 1 de enero de 2030, la base reguladora de la pensión de jubilación será el resultado de dividir entre 361,67 la suma de las 310 bases de cotización de mayor importe comprendidas dentro del período de los 320 meses inmediatamente anteriores al mes previo al del hecho causante.

Desde 1 de enero de 2031, la base reguladora de la pensión de jubilación será el resultado de dividir entre 364 la suma de las 312 bases de cotización de mayor importe comprendidas dentro del período de los 324 meses inmediatamente anteriores al mes previo al del hecho causante.

Desde 1 de enero de 2032, la base reguladora de la pensión de jubilación será el resultado de dividir entre 366,33 la suma de las 314 bases de cotización de mayor importe comprendidas dentro del período de los 328 meses inmediatamente anteriores al mes previo al del hecho causante.

Desde 1 de enero de 2033, la base reguladora de la pensión de jubilación será el resultado de dividir entre 368,67 la suma de las 316 bases de cotización de mayor importe comprendidas dentro del período de los 332 meses inmediatamente anteriores al mes previo al del hecho causante.

Desde 1 de enero de 2034, la base reguladora de la pensión de jubilación será el resultado de dividir entre 371,00 la suma de las 318 bases de cotización de mayor importe comprendidas dentro del período de los 336 meses inmediatamente anteriores al mes previo al del hecho causante.

Desde 1 de enero de 2035, la base reguladora de la pensión de jubilación será el resultado de dividir entre 373,33 la suma de las 320 bases de cotización de mayor importe comprendidas dentro del período de los 340 meses inmediatamente anteriores al mes previo al del hecho causante.

Desde 1 de enero de 2036, la base reguladora de la pensión de jubilación será el resultado de dividir entre 375,67 la suma de las 322 bases de cotización de mayor importe comprendidas dentro del período de los 344 meses inmediatamente anteriores al mes previo al del hecho causante».

Desde el 1 de enero de 2037, la base reguladora de la pensión de jubilación se calculará aplicando, en su integridad, lo establecido en el art. 209.1 de la LGSS, como hemos indicado, «el cociente que resulte de dividir entre 378, la suma de las bases de cotización del interesado durante 324 meses anteriores (27 años) al del mes previo al del hecho causante», aunque, según el art. 209.1.b) de la LGSS, esos 27 años se seleccionarán entre los 348 meses (29 años) consecutivos e inmediatamente anteriores al del mes previo al del hecho causante.

Situación entre el 1 de enero de 2026 y el 31 de diciembre de 2040

> **A TENER EN CUENTA.** La D.T. 4.ª.7 de la LGSS establece peculiaridades en el cálculo de la base reguladora aplicando legislaciones anteriores para las pensiones de jubilación.

Para jubilaciones con posterioridad al 31 de diciembre de 2025 y antes de 31 de diciembre de 2040 se establecen dos alternativas: la entidad gestora aplicará en su integridad lo previsto en el art. 209.1 de la LGSS —en su redacción vigente el día 1 de enero de 2023— cuando dicho cálculo resulte más favorable que el vigente en la fecha en que se cause la pensión. Es decir, durante este periodo existirá una doble alternativa [redacción del art. 209.1 de la LGSS desde el 01/01/2026, teniendo en cuenta la D.T 40.ª de la LGSS]:

- Aplicar la fórmula de cálculo vigente hasta 31/12/2025, tomando como referencia la base reguladora se tiene en cuenta los últimos 25 años cotizados (300 meses) [redacción del art. 209.1 de la LGSS hasta el 31/12/2025].

- Nueva fórmula (cuando resulte más beneficioso para el futuro jubilado) en la que se toma como referencia los últimos 29 años (348 meses) de cotizaciones desechando los 2 peores. Esta opción se despliega de forma paulatina según el calendario establecido en la D.T. 40.ª de la LGSS hasta el año 2037. Esta alternativa supone que la Seguridad Social, de forma automática, descarte las 24 mensualidades menos beneficiosas para el pensionista tomando como referencia un periodo de 27 años (324 meses).

Es decir, durante este periodo se podrá escoger las más beneficiosa de las dos alternativas: a) tomar como referencia los 25 últimos años de carrera; b) tomar como referencia los 29 últimos quitando los 2 peores.

Durante el año 2041

Se aplicará, en su integridad, lo previsto en el art. 209.1 de la LGSS, en su redacción vigente el día 1 de enero de 2023, con una la base reguladora que comprenderá las bases de cotización de los últimos 306 meses entre 357, cuando dicho cálculo resulte más favorable que el vigente en la fecha en que se cause la pensión.

Durante el año 2042

La entidad gestora aplicará, en su integridad, lo previsto en el art. 209.1 de la LGSS en su redacción vigente el día 1 de enero de 2023, con una base reguladora que comprenderá las bases de cotización de los últimos 312 meses entre 364, cuando dicho cálculo resulte más favorable que el vigente en la fecha en que se cause la pensión.

Durante el año 2043

La entidad gestora aplicará, en su integridad, lo previsto en el artículo 209.1 en su redacción vigente el día 1 de enero de 2023, con una base reguladora que comprenderá las bases de cotización de los últimos 318 meses entre 371, cuando dicho cálculo resulte más favorable que el vigente en la fecha en que se cause la pensión.

| A partir de 2044

Se aplicará lo previsto en el artículo 209.1 en la redacción vigente desde el 1 de enero de 2026.

|| No existe integración de lagunas hasta el año 2026

Históricamente (art. 322 de la LGSS, vigente hasta el 01/01/2026), si en el período tomado en cuenta para efectuar el cálculo apareciesen meses durante los cuales no hubiera habido obligación de cotizar, éstos no se completaran con las bases mínimas vigentes, correspondientes a los trabajadores mayores de 18 años como sucede en el caso de los trabajadores por cuenta ajena —donde se computan con el 100 % de la base mínima los primeros 48 meses y con el 50 % de la base mínima a partir del mes 49—. No obstante, este panorama cambiará a partir del 02/01/2026. A partir de esta fecha (art. 322 de la LGSS, vigente desde el 01/01/2026):

> «En los supuestos en que en el período que haya de tomarse para el cálculo de la base reguladora aparecieran, con posterioridad a la extinción de la prestación económica por cese de actividad, períodos durante los cuales no hubiese existido obligación de cotizar, se integrarán las lagunas de cotización de los siguientes seis meses de cada uno de dichos períodos con la base mínima de la tabla general de este régimen especial».

CUESTIÓN

¿Qué novedad ha supuesto la reforma de las pensiones 2023 en relación a la integración de las lagunas de cotización para los autónomos?

Hasta la entrada en vigor de la nueva redacción del art. 322 de la LGSS (01/01/2026) los períodos en los que no hubiese habido cotización por parte del autónomo se computan como cero de cara al cálculo de la jubilación. Desde el 2026, se integrarán estos períodos como cotizados por la base mínima y por una duración máxima de seis meses. A modo de ejemplo, si un autónomo cierra su negocio seis meses antes de su jubilación, ese periodo, a efectos de su prestación por jubilación, constaría como cotizado por la base mínima.

Porcentaje de la base reguladora aplicable

El porcentaje aplicable a la base reguladora de la prestación de jubilación en le RETA es variable en función de los años de cotización a la Seguridad Social, aplicándose una escala que comienza con el 50 % a los 15 años, aumentando a partir del decimosexto año un 0,19 % por cada mes adicional de cotización, entre los meses 1 y 248, y un 0,18 % los que rebasen el mes 248, sin que el porcentaje aplicable a la base reguladora supere el 100 %, salvo en los casos en que se acceda a la pensión con una edad superior a la que resulte de aplicación (art. 210 de la LGSS).

No obstante, hasta el año 2027, se establece un periodo transitorio y gradual, en el cual los porcentajes anteriores serán sustituidos, según la TGSS, por los siguientes (D.T. 9.ª de la LGSS):

PORCENTAJE – JUBILACIÓN – AÑOS COTIZADOS								
PERIODO DE APLICACIÓN	PRIMEROS 15 AÑOS		AÑOS ADICIONALES				TOTAL	
	Años	%	MESES ADICIONALES	COEFICIENTE	%	AÑOS	AÑOS	%
2013 a 2019	15	50	1 al 163	0,21	34,23	..	..	..
			83 restantes	0,19	15,77			
	15	50	Total 246 meses	..	50,00	20,5	35,5	100
2020 a 2022	15	50	1 al 106	0,21	22,26	..	..	..
			146 restantes	0,19	27,74			
	15	50	Total 252 meses	..	50,00	21	36	100
2023 a 2026	15	50	1 al 49	0,21	10,29	..	..	..
			209 restantes	0,19	39,71			
	15	50	Total 258 meses	..	50,00	21,5	36,5	100
A partir de 2027	15	50	1 al 248	0,19	47,12	..	..	..
			16 restantes	0,18	2,88			
	15	50	Total 264 meses	..	50,00	22	37	100

Fuente: Seguridad Social

Para los trabajadores autónomos que se acojan a la legislación anterior a 01-01-2013, se aplicará un porcentaje variable en función de los años de cotización a la Seguridad Social, aplicándose una escala que comienza con el 50 % a los 15 años, aumentando un 3 % por cada año adicional comprendido entre el decimosexto y el vigésimo quinto y un 2 % a partir del vigésimo sexto hasta alcanzar el 100 % a los 35 años, según D.F 12.ª de la Ley 27/2011, de 1 de agosto.

Cuantía máxima y mínima de la pensión de jubilación

El importe inicial de las pensiones contributivas de la Seguridad Social **no podrá superar la cuantía** íntegra mensual que establezca anualmente la correspondiente Ley de Presupuestos Generales del Estado. Esta cantidad se revaloriza al comienzo de cada año. En paralelo, existe una **cuantía mínima** que se complementará en el caso de que la pensión reconocida sea inferior a ella.

De esta forma, a pesar de que el cálculo de las bases reguladoras y la aplicación de los porcentajes establecidos den como resultado un importe inferior o superior a los topes fijados normativamente para el año en curso, la pensión de jubilación no podrá ser superior o inferior a ciertas cantidades (Ley 31/2022, de 23 de diciembre, arts. 57 y 58 de la Ley General de la Seguridad Social y art. 78 del Real Decreto-ley 8/2023, de 27 de diciembre).

‖ Pensiones superiores a la máxima

Las normas de revalorización establecen anualmente un límite máximo de percepción para las pensiones públicas, que no puede ser superado por la pensión o la suma de las pensiones públicas que perciba el autónomo.

Durante el año 2024, dicha cuantía asciende a 3.175,04 euros íntegros en cómputo mensual cuando dicho titular tenga derecho a percibir 14 mensualidades al año o, en otro supuesto, de 44.450,56 euros en cómputo anual (art. 78 del Real Decreto-ley 8/2023, de 27 de diciembre).

CUESTIÓN

Un autónomo, debido a sus rendimientos netos mensuales superiores a 6000 euros, ha venido cotizando por una base que implica una pensión de jubilación por encima de los 3.175,04 euros mensuales establecidos como tope en el año 2024. ¿Cobrará una prestación superior?

La base máxima de cotización en el año 2024 se situó en 4.495,50 euros (cuotas dentro de la horquilla de entre 542,13 euros y 1.477,52 euros). Independientemente de la cotización efectuada el autónomo no cobrará una pensión superior al tope establecido (3.175,04 euros mensuales para el año 2024).

‖ Pensiones inferiores a la mínima. Complementos por mínimos

Anualmente se publica un cuadro de cuantías mínimas de las pensiones contributivas. El importe de las pensiones no concurrentes, una vez revalorizadas de acuerdo con lo dispuesto en el RD de revalorización, se complementará, en su caso, en la cuantía necesaria para alcanzar esas cuantías mínimas. En estos casos, se comprobará posteriormente que los rendimientos percibidos por la persona pensionista durante el año no han superado el límite previsto.

En el caso de las pensiones inferiores a la mínima establecida, el autónomo podría acceder a los denominados complementos por mínimos.

Durante el año en 2024 la pensión mínima de jubilación para mayores de 65 años con cónyuge a cargo se sitúa en 14.466,20 euros anuales (1.033,30 euros mensuales) en el caso de titulares con cónyuge a cargo, en 11.552,80 euros (825,20 euros mensuales) en el caso de titulares sin cónyuge, y en 10.966,20 euros anuales (783,30 euros mensuales) en el caso de beneficiarios con cónyuge no a cargo (anexo IV del Real Decreto-ley 8/2023, de 27 de diciembre).

El límite de ingresos para el reconocimiento de complementos económicos para mínimos para el año 2024 sigue los siguientes importes (anexo IV del Real Decreto-ley 8/2023, de 27 de diciembre):

- Sin cónyuge a cargo: el límite de ingresos asciende a 8.942,00 euros/año.
- Con cónyuge a cargo: 10.430,00 euros/año.

De esta forma, el importe de las pensiones no concurrentes, una vez revalorizadas, se complementará, en su caso, en la cuantía necesaria para alcanzar las cuantías mínimas esas cuantías mínimas cumpliendo los requisitos de límites de ingresos establecidos.

El complemento a mínimos es el importe suplementario a las pensiones generadas por las cotizaciones de los interesados a fin de alcanzar la «cuantía mínima» de las pensiones, no respondiendo al objetivo de sustituir una renta, sino al asistencial de paliar una situación de necesidad. Su reconocimiento no atiende a los parámetros de la pensión [alta, carencia, cotizaciones, etc.], sino exclusivamente a la falta de ingresos económicos. Su propia denominación —«complementos»— pone de manifiesto que no tienen sustantividad propia, sino la accesoria de acompañantes de la pensión que suplementan. (STS, rec. 1726/2009, de 22 de abril de 2010, ECLI:ES:TS:2010:2381).

Para el acceso a los complementos por mínimo es necesario que los prestacionistas no perciban durante 2024 rendimientos del trabajo, del capital o de actividades económicas y ganancias patrimoniales, de acuerdo con el concepto establecido para dichas rentas en el Impuesto sobre la Renta de las Personas Físicas y computados conforme al art. 59 de la LGSS, o **que, percibiéndolos**:

- **No excedan de 8.942,00 euros al año** (art. 78.10 y anexo IV de Real Decreto-ley 8/2023, de 27 de diciembre).
- Cuando la suma, en cómputo anual, de los rendimientos referidos en el apartado anterior y los correspondientes a la pensión resulte inferior a la suma de 8.942,00 euros más el importe, también en cómputo anual, de la cuantía mínima fijada para la clase de pensión de que se trate, se reconocerá un complemento igual a la diferencia, distribuido entre el número de mensualidades en que se devenga la pensión.
- Para tener derecho al complemento para alcanzar la cuantía mínima de las pensiones, será necesario:
  - **Con respecto a las pensiones causadas a partir de 1 de enero de 2013**: será necesario residir en territorio español. Se entenderá que el beneficiario tiene su residencia habitual en España, aun cuando haya tenido estancias en el extranjero, siempre que estas no superen los noventa días naturales a lo largo de cada año natural, o cuando la ausencia del territorio español esté motivada por causas de enfermedad debidamente justificadas (art. 51.2 y 59.1 de la LGSS).
  - **Para las pensiones causadas a partir de la indicada fecha**: el importe de dichos complementos en ningún caso podrá superar la cuantía establecida en cada ejercicio para las pensiones de jubilación e invalidez en su modalidad no contributiva.

Del mismo modo, debemos tener en cuenta:

- Las personas pensionistas que a lo largo del ejercicio 2024 perciban rentas acumuladas superiores al límite a que se refiere el apartado anterior, estarán obligadas a comunicar tal circunstancia a las entidades gestoras en el plazo de un mes desde que se produzca.

- Para acreditar las rentas e ingresos las entidades gestoras de la Seguridad Social podrán, en todo momento, requerir a las personas perceptoras de complementos por mínimos una declaración de estos, así como de sus bienes patrimoniales. Todo ello sin perjuicio de la solicitud de información que proceda efectuar a la Agencia Estatal de Administración Tributaria [art. 71.1 a) de la LGSS].

- Cuando la pensión reconocida sea complementada en el importe necesario para alcanzar las cuantías mínimas fijadas y se comprobará posteriormente que los rendimientos percibidos por la persona pensionista durante el año de 2024, en cómputo anual e independientemente de la fecha de su percibo y de que este haya sido periódico o en pago único, han superado el límite previsto, los importes abonados en concepto de complemento por mínimos durante todo el año natural tendrán la consideración de indebidamente percibidos (con independencia de haber notificado la percepción de rentas superiores).

- Cuando la **pensión de orfandad** causada a partir de 1 de enero de 2013 se incremente en la cuantía de la **pensión de viudedad**, el límite de la cuantía de los complementos por mínimos solo quedará referido al de la pensión de viudedad que genere el incremento de la pensión de orfandad.

- Las personas pensionistas de **gran invalidez** que tengan reconocido el complemento destinado a remunerar a la persona que le atiende no resultarán afectadas por el límite cuantitativo establecido.

- Cuando el complemento por mínimos de pensión se solicite con posterioridad al reconocimiento de aquella, surtirá efectos a partir de los tres meses anteriores a la fecha de la solicitud, siempre que en ese momento se reunieran todos los requisitos para tener derecho al mencionado complemento.

- Según la D.T. 27.ª de la LGSS:
  - La limitación prevista en el art. 59.2 de la LGSS con respecto a la cuantía de los complementos necesarios para alcanzar la cuantía mínima de pensiones, no se aplicará en relación con las pensiones que hubieran sido causadas con anterioridad a 1 de enero de 2013.
  - Asimismo, el requisito de residencia en territorio español a que hace referencia el art. 59.1 de la LGSS para tener derecho al complemento para alcanzar la cuantía mínima de las pensiones, se exigirá para aquellas pensiones cuyo hecho causante se produzca a partir del día 1 de enero de 2013.

JURISPRUDENCIA

STS n.º 1146/2023, de 12 de diciembre del 2023, ECLI:ES:TS:2023:5394

Una subvención para rehabilitación de fachada no computa a los efectos del complemento por mínimo de jubilación.

CUESTIONES

1. ¿Qué se considera cónyuge a cargo a efectos de cuantía de la prestación por jubilación del autónomo?

La existencia de cónyuge a cargo del titular de una pensión causa efectos sobre el reconocimiento de las cuantías mínimas establecidas, cuando aquél **se halle conviviendo con el pensionista y dependa económicamente de él**.

Se entenderá que existe dependencia económica cuando concurran las circunstancias siguientes (art. 43.Tres de la LPGE 2023):

a) Que el cónyuge del pensionista no sea, a su vez, titular de una pensión a cargo de un régimen básico público de previsión social, entendiendo comprendidos en dicho concepto las pensiones reconocidas por otro Estado así como los subsidios de garantía de ingresos mínimos y por ayuda de tercera persona, ambos previstos en el texto refundido de la Ley General de derechos de las personas con discapacidad y de su inclusión social, aprobado por el Real Decreto Legislativo 1/2013, de 29 de noviembre, y las pensiones asistenciales reguladas en la Ley 45/1960, de 21 de julio, por la que se crean determinados Fondos Nacionales para la aplicación social del impuesto y del ahorro.

b) Que los rendimientos por cualquier naturaleza del pensionista y de su cónyuge, computados en la forma señalada resulten **inferiores a 10.430,00 euros anuales**.

> **A TENER EN CUENTA.** Cuando la suma, en cómputo anual, de los rendimientos referidos en el párrafo anterior y del importe, también en cómputo anual, de la pensión que se vaya a complementar resulte inferior a la suma de 10.048,00 euros y de la cuantía anual de la pensión mínima con cónyuge a cargo de que se trate, se reconocerá un complemento igual a la diferencia, distribuido entre el número de mensualidades que corresponda.

2. ¿Qué se considera cónyuge no a cargo a efectos de cuantía de la prestación por jubilación del autónomo?

Se considerará que existe **cónyuge no a cargo** de la persona titular de una pensión, a los efectos del reconocimiento de las cuantías mínimas establecidas, cuando aquel o aquella se halle conviviendo con la persona pensionista y no dependa económicamente de ella en los términos previstos en el apartado anteriormente.

3. ¿Qué se considera unidad económica unipersonal a efectos de mejora de la pensión de jubilación para el autónomo?

Se considerará que la persona pensionista constituye una unidad económica unipersonal (D.A. 24.ª de la Ley 40/2007, de 4 de diciembre), cuando, acreditando derecho a complemento por mínimos en atención a sus ingresos, conforme a lo dispuesto anteriormente, no se encuentre comprendido en ninguno de los supuestos previstos en los apartados anteriores.

Los perceptores de pensiones contributivas del sistema de la Seguridad Social por las contingencias de jubilación, incapacidad permanente y viudedad, que formen una unidad económica unipersonal, y que tengan que hacer frente con su pensión al mantenimiento de un hogar, experimentarán durante los próximos cuatro años subidas adicionales de su complemento para mínimos, que les permitan alcanzar en ese periodo los niveles de renta mínimos necesarios para el sostenimiento de su hogar. En la adopción de esta medida se tendrán en cuenta los ingresos de que disponga el pensionista, así como el patrimonio, excluida su vivienda habitual.

La financiación del complemento a mínimos se realizará con cargo a la aportación de los Presupuestos Generales del Estado a la Seguridad Social.

Revalorización de la pensión de jubilación del trabajador autónomo

El art. 58 de la Ley General de la Seguridad Social establece que las pensiones de la Seguridad Social, en su modalidad contributiva, incluido el importe de la pensión mínima, se revalorizarán al comienzo de cada año en el porcentaje equivalente al valor medio de las tasas de variación interanual expresadas en tanto por ciento del Índice de Precios al Consumo de los doce meses previos a diciembre del año anterior.

A TENER EN CUENTA. La reforma de las pensiones 2023 ha reformado el citado art. 58 de la LGSS (se modifica el apartado 2 y se añade un apartado 5) para garantizar que, en la modalidad contributiva, todas las pensiones del sistema y no solo la pensión mínima, como se decía en la redacción anterior, así como el complemento de brecha de género, se revalorizarán al comienzo de cada año en el porcentaje equivalente al valor medio de las tasas de variación interanual expresadas en tanto por ciento del Índice de Precios al Consumo de los doce meses previos a diciembre del año anterior. El art. 58.4 de la LGSS determina legalmente la fórmula para revalorizar las pensiones reconocidas en virtud de normas internacionales de las que esté a cargo de la Seguridad Social española un tanto por ciento de su cuantía teórica.

Los criterios de revalorización de las pensiones del sistema de la Seguridad Social para cada ejercicio se configuran en la correspondiente LPGE y Real Decreto sobre revalorización de las pensiones del sistema de la Seguridad Social. Con carácter general podemos concretar que la revalorización se aplicará al importe mensual que tuviese la pensión de que se trate el 31 de diciembre del año anterior, excluidos conceptos como:

- Los complementos reconocidos para alcanzar los mínimos establecidos con anterioridad.

- El recargo de prestaciones económicas por falta de medidas de seguridad y salud en el trabajo.

- Las percepciones de rentas temporales por cargas familiares y la indemnización suplementaria para la provisión y renovación de aparatos de prótesis y ortopedia en el supuesto de pensiones del extinguido seguro de accidentes de trabajo y enfermedades profesionales.

3.1.2. Jubilación anticipada: ¿puede un autónomo jubilarse anticipadamente?

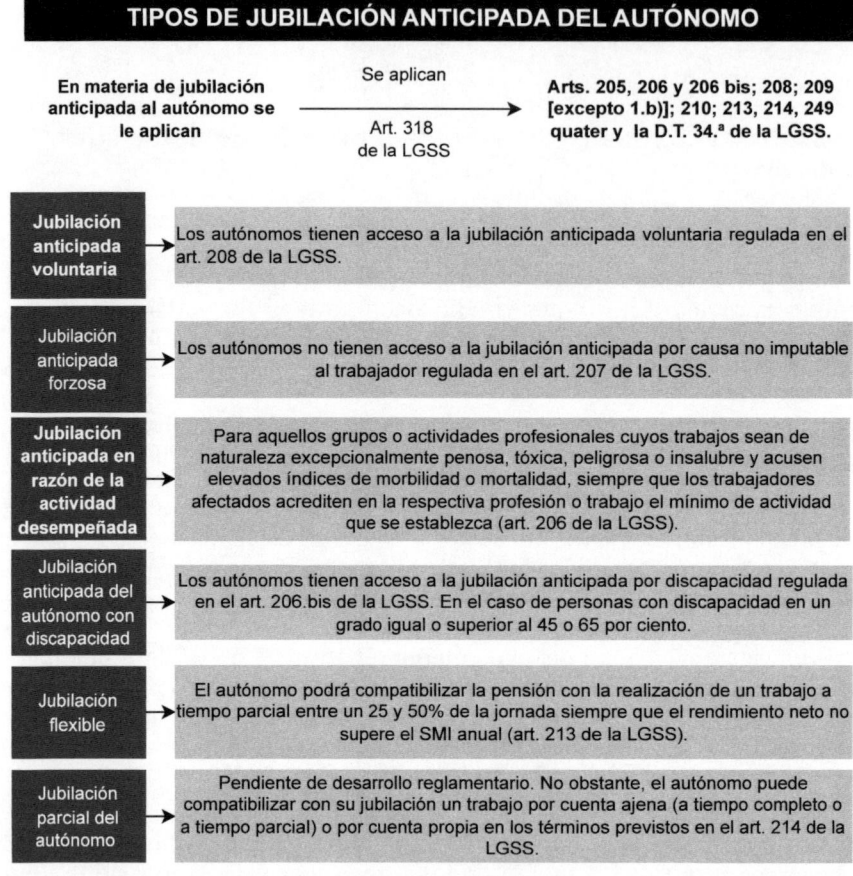

TIPOS DE JUBILACIÓN ANTICIPADA DEL AUTÓNOMO

En materia de jubilación anticipada al autónomo se le aplican → Se aplican / Art. 318 de la LGSS → Arts. 205, 206 y 206 bis; 208; 209 [excepto 1.b)]; 210; 213, 214, 249 quater y la D.T. 34.ª de la LGSS.

Jubilación anticipada voluntaria	Los autónomos tienen acceso a la jubilación anticipada voluntaria regulada en el art. 208 de la LGSS.
Jubilación anticipada forzosa	Los autónomos no tienen acceso a la jubilación anticipada por causa no imputable al trabajador regulada en el art. 207 de la LGSS.
Jubilación anticipada en razón de la actividad desempeñada	Para aquellos grupos o actividades profesionales cuyos trabajos sean de naturaleza excepcionalmente penosa, tóxica, peligrosa o insalubre y acusen elevados índices de morbilidad o mortalidad, siempre que los trabajadores afectados acrediten en la respectiva profesión o trabajo el mínimo de actividad que se establezca (art. 206 de la LGSS).
Jubilación anticipada del autónomo con discapacidad	Los autónomos tienen acceso a la jubilación anticipada por discapacidad regulada en el art. 206.bis de la LGSS. En el caso de personas con discapacidad en un grado igual o superior al 45 o 65 por ciento.
Jubilación flexible	El autónomo podrá compatibilizar la pensión con la realización de un trabajo a tiempo parcial entre un 25 y 50% de la jornada siempre que el rendimiento neto no supere el SMI anual (art. 213 de la LGSS).
Jubilación parcial del autónomo	Pendiente de desarrollo reglamentario. No obstante, el autónomo puede compatibilizar con su jubilación un trabajo por cuenta ajena (a tiempo completo o a tiempo parcial) o por cuenta propia en los términos previstos en el art. 214 de la LGSS.

El esquema anterior muestra la intención del legislador de alcanzar la equiparación de los autónomos con los trabajadores por cuenta ajena en materia de jubilación anticipada. No obstante, la falta de desarrollo reglamentario específico viene lastrando esta posibilidad históricamente para el colectivo, y es que, a pesar de reconocerse la posibilidad de los autónomos de acceder a la jubilación anticipada, por ejemplo, por razón de la actividad o discapacidad igual o superior al 65 % en el art. 26.4 de la LETA, no se ha desarrollado un régimen normativo específico.

CUESTIÓN

¿Qué limitaciones tienen los autónomos a la jubilación anticipada?

Junto con los requisitos propios de cada modalidad permitida de edad, cotización, importe de la pensión a recibir y aplicación de coeficientes reductores, los autónomos que deseen acceder a la jubilación anticipada no pueden tener deudas pendientes con la Seguridad Social. Además, no pueden optar por modalidades de jubilación anticipada involuntaria o parcial, lo que limita sus opciones comparado con los trabajadores por cuenta ajena.

3.1.2.1. Jubilación anticipada para autónomos por cese de actividad

A diferencia de lo que ocurre con los trabajadores encuadrados en el RGSS que cuentan con la denominada jubilación anticipada involuntaria por causa no imputable al trabajador (art. 207 de la LGSS), **los autónomos no pueden acogerse a la jubilación anticipada por cese de actividad.**

La única protección con la que cuenta este colectivo ante esta contingencia es la **prestación por cese de actividad** (denominada coloquialmente «paro de los autónomos») regulada en los arts. 327-350 de la LGSS.

3.1.2.2. Jubilación anticipada por voluntad del trabajador autónomo

La jubilación anticipada por voluntad de la personas trabajadora es posible dos años antes de la edad ordinaria de jubilación, siempre que se acrediten 35 años de cotización al sistema de la Seguridad Social, tal y como así lo dispone el artículo 208 de la LGSS, el cual se ha visto modificado por la publicación de la Ley 21/2021, de 28 de diciembre, de garantía del poder adquisitivo de las pensiones y de otras medidas de refuerzo de la sostenibilidad financiera y social del sistema público de pensiones, con entrada en vigor el 01/01/2022.

Beneficiarios y requisitos

La jubilación anticipada por voluntad del propio trabajador encuentra su regulación en el art. 208 de la LGSS.

> **A TENER EN CUENTA.** El art. 208 de la LGSS se ha visto modificado con entrada en vigor el **01/01/2022**, por la publicación de la Ley 21/2021, de 28 de diciembre, de garantía del poder adquisitivo de las pensiones y de otras medidas de refuerzo de la sostenibilidad financiera y social del sistema público de pensiones (reforma de las pensiones 2022).

El acceso a la jubilación anticipada por voluntad del interesado exigirá los siguientes requisitos:

a) Tener cumplida una **edad que sea inferior en dos años, como máximo, a la edad que en cada caso resulte de aplicación** [art. 205.1.a) de la LGSS], sin que a estos efectos resulten de aplicación los coeficientes reductores por jubilación anticipada por razón de la actividad (art. 206 de la LGSS) y jubilación anticipada en caso de discapacidad (art. 206 bis de la LGSS).

Partiendo de las edades de jubilación y el período de cotización establecido con carácter general en la D.T. 7.ª de la LGSS. El acceso a esta prestación supone quitar dos años a la edad fijada normativamente en cada momento. A modo de ejemplo:

2023	37 años y 9 meses o más	63 años
	Menos de 37 años y 9 meses	64 años y 4 meses
2024	38 o más años	63 años
	Menos de 38 años	64 años y 6 meses
2025	38 años y 3 meses o más	63 años
	Menos de 38 años y 3 meses	64 años y 8 meses
2026	38 años y 3 meses o más	63 años
	Menos de 38 años y 3 meses	64 años y 10 meses
A partir de 2027	38 años y 6 meses o más	63 años
	Menos de 38 años y 6 meses	65 años

b) Acreditar un **período mínimo de cotización efectiva de treinta y cinco años,** sin que, a tales efectos, se tenga en cuenta la parte proporcional por pagas extraordinarias. A estos exclusivos efectos, solo se computará el período de prestación del servicio militar obligatorio o de la prestación social sustitutoria, o del servicio social femenino obligatorio, con el límite máximo de un año.

c) El **importe de la pensión a percibir ha de ser superior a la cuantía de la pensión mínima.** Una vez acreditados los requisitos generales y específicos de dicha modalidad de jubilación, el **importe de la pensión a percibir ha de resultar superior a la cuantía de la pensión mínima que correspondería al interesado por su situación familiar al cumplimiento de los sesenta y cinco años.** En caso contrario, no se podrá acceder a esta fórmula de jubilación anticipada.

> **A TENER EN CUENTA.** El art 208 de la LGSS no exige la inscripción como demandante de empleo para esta modalidad de jubilación anticipada (por voluntad del interesado). (STS n.º 927/2022, de 22 de noviembre de 2022, ECLI:ES:TS:2022:4505).

SENTENCIA RELEVANTE

STJUE n.º C-843/19, de 21 de enero de 2021

Analizando la exigencia de que el importe de la pensión de jubilación voluntaria anticipada que se reciba deba ser al menos igual a la cuantía mínima legal, el TJUE entiende que el art. 4.1 de la Directiva 79/7/CEE del Consejo, de 19 de diciembre de 1978 (aplicación progresiva del principio de igualdad de trato entre hombres y mujeres en materia de seguridad social), no se opone a una normativa nacional que, en caso de que un trabajador afiliado al régimen general de la seguridad social pretenda jubilarse voluntaria y anticipadamente, «supedita su derecho a una pensión de jubilación anticipada al requisito de que el importe de esta pensión sea, al menos, igual a la cuantía de la pensión mínima que correspondería a ese trabajador a la edad de 65 años, aunque esta normativa perjudique en particular a las trabajadoras respecto de los trabajadores, extremo que incumbe comprobar al órgano jurisdiccional remitente, siempre que esta consecuencia quede justificada no obstante por objetivos legítimos de política social ajenos a cualquier discriminación por razón de sexo».

CUESTIÓN

¿Qué edad permite en 2023 la posibilidad de jubilación anticipada por voluntad del trabajador?

- 63 años si se cuenta con 37 años y 9 meses o más de cotización.
- 64 años y 4 meses con menos de 37 años y 9 meses de cotización.

Cuantía y reducción de la pensión por jubilación anticipada

En caso de acceder a este tipo de jubilación anticipada, la pensión que hubiese correspondido de forma ordinaria será objeto de reducción mediante la aplicación, por cada mes o fracción de mes que, en el momento del hecho causante, le falte al trabajador para cumplir la edad legal de jubilación, de los coeficientes que resultan del siguiente cuadro en función del período de cotización acreditado y los meses de anticipación:

A TENER EN CUENTA. A los exclusivos efectos de determinar dicha edad legal de jubilación, se considerará como tal la que le hubiera correspondido al trabajador de haber seguido cotizando durante el plazo comprendido entre la fecha del hecho causante y el cumplimiento de la edad legal de jubilación que en cada caso resulte de la aplicación de lo establecido en el art. 205.1.a) de la LGSS.

Para el cómputo de los períodos de cotización se tomarán períodos completos, sin que se equipare a un período la fracción del mismo.

Meses que se adelanta la jubilación	Periodo cotizado: menos de 38 años y 6 meses	Periodo cotizado: igual o superior a 38 años y 6 meses e inferior a 41 años y 6 meses	Periodo cotizado: igual o superior a 41 años y 6 meses e inferior a 44 años y 6 meses	Periodo cotizado: igual o superior a 44 años y 6 meses
	Porcentaje de reducción	Porcentaje de reducción	Porcentaje de reducción	Porcentaje de reducción
	21,00	19,00	17,00	13,00
23	17,60	16,50	15,00	12,00
22	14,67	14,00	13,33	11,00
21	12,57	12,00	11,43	10,00
20	11,00	10,50	10,00	9,20
19	9,78	9,33	8,89	8,40
18	8,80	8,40	8,00	7,60
17	8,00	7,64	7,27	6,91

Meses que se adelanta la jubilación	Periodo cotizado: menos de 38 años y 6 meses	Periodo cotizado: igual o superior a 38 años y 6 meses e inferior a 41 años y 6 meses	Periodo cotizado: igual o superior a 41 años y 6 meses e inferior a 44 años y 6 meses	Periodo cotizado: igual o superior a 44 años y 6 meses
	Porcentaje de reducción	Porcentaje de reducción	Porcentaje de reducción	Porcentaje de reducción
16	7,33	7,00	6,67	6,33
15	6,77	6,46	6,15	5,85
14	6,29	6,00	5,71	5,43
13	5,87	5,60	5,33	5,07
12	5,50	5,25	5,00	4,75
11	5,18	4,94	4,71	4,47
10	4,89	4,67	4,44	4,22
9	4,63	4,42	4,21	4,00
8	4,40	4,20	4,00	3,80
7	4,19	4,00	3,81	3,62
6	4,00	3,82	3,64	3,45
5	3,83	3,65	3,48	3,30
4	3,67	3,50	3,33	3,17
3	3,52	3,36	3,20	3,04
2	3,38	3,23	3,08	2,92
1	3,26	3,11	2,96	2,81

Una vez aplicados los coeficientes reductores del cuadro, el importe resultante de la pensión **no podrá ser superior a la cuantía que resulte de reducir el tope máximo de pensión en un 0,50 por ciento por cada trimestre o fracción de trimestre de anticipación** (art. 210 de la LGSS).

CUESTIONES

1. ¿Cuáles han sido las novedades impulsadas por la reforma de las pensiones a partir del 01/01/2020 sobre la jubilación anticipada por voluntad del interesado?

- *Se revisan los coeficientes reductores aplicables.*

- *Se aplican coeficientes reductores correspondientes a la jubilación por causa no imputable al trabajador en caso de percepción del subsidio de desempleo con una antelación de al menos tres meses.*

- *Los coeficientes reductores correspondientes se aplicarán sobre la cuantía de la pensión, respetando la limitación máxima (art. 57 de la LGSS), si bien dicha modificación se realizará de manera progresiva, a lo largo de un período de diez años.*

- *Se crea un complemento económico para quienes hayan accedido a la jubilación anticipada de forma voluntaria entre el 1 de enero de 2002 y el 31 de diciembre de 2021, como máximo dos años antes de alcanzar la edad ordinaria de jubilación y reúnan los requisitos establecidos en la D.A. 1.ª de la Ley 21/2021, de 28 de diciembre.*

2. ¿Cuáles son las diferencias entre la jubilación anticipada voluntaria e involuntaria?

La jubilación anticipada voluntaria permite retirarse hasta dos años antes de la edad estipulada, tras haber cotizado al menos 35 años, y la pensión resultante se reduce alrededor de entre un 21-2,81 % en función del periodo cotizado durante la vida laboral. En cuanto a la jubilación forzosa (por causa no imputable al trabajador), se podrá optar hasta cuatro años antes con 33 años cotizados y la pensión se reduce entre un 30-0,5 % en función del periodo cotizado durante la vida laboral.

Aplicación de coeficientes reductores por edad

Cuando para determinar la cuantía de una pensión de jubilación anticipada por causas no imputables al trabajador hubieran de aplicarse coeficientes reductores por edad en el momento del hecho causante, aquellos se aplicarán sobre el importe de la pensión resultante de aplicar a la base reguladora el porcentaje que corresponda por meses de cotización. Una vez aplicados los referidos coeficientes reductores, el importe resultante de la pensión no podrá ser superior a la cuantía que resulte de reducir el tope máximo de pensión en un 0,50 por ciento por cada trimestre o fracción de trimestre de anticipación (art. 210.3 de la LGSS)

No obstante, en el supuesto de que la base reguladora de la pensión (art. 209 de la LGSS) resultase superior al límite de la cuantía inicial de las pensiones (art. 57 de la LGSS), los coeficientes reductores por edad se aplicarán sobre el indicado límite.

A TENER EN CUENTA. Cuando la pensión supere el límite establecido para el importe de las pensiones, la D.T. 34.ª de la LGSS fija la aplicación gradual de coeficientes reductores de la edad de jubilación según lo previsto en el art. 210.3 de la LGSS. Sobre este aspecto resulta de interés el Criterio de Gestión del INSS n.º 4/2022, de 14 de enero de 2022 «Aplicación de la disposición transitoria trigésima cuarta del texto refundido de la Ley General de la Seguridad Social, añadida por la Ley 21/2021, de 28 de diciembre».

3.1.2.3. Jubilación anticipada por razón de actividad

El art. 206 de la Ley General de la Seguridad Social (LGSS) permite una jubilación anticipada por actividad en aquellos grupos o actividades profesionales cuyos trabajos sean de naturaleza excepcionalmente penosa, tóxica, peligrosa o insalubre y acusen elevados índices de morbilidad o mortalidad. Para esto, se establece reglamentariamente el procedimiento general para fijar los coeficientes reductores mediante el Real Decreto 1698/2011, de 18 de noviembre.

Beneficiarios y requisitos

La jubilación anticipada por razón de actividad encuentra su regulación en el artículo 206 de la LGSS. Entre las novedades de la **Ley 21/2021, de 28 de diciembre (reforma de las pensiones 2022)**, encontramos la **nueva redacción del art. 206 de la LGSS** (en vigor el 01/01/2022), con las siguientes particularidades sobre este tipo de acceso a la jubilación:

- Nuevo procedimiento de solicitud.

- Se regulan por separado estos supuestos respecto de aquellos otros en los que la anticipación de la jubilación deriva de la situación de discapacidad del trabajador.

- Se deriva al reglamento el procedimiento general para establecer coeficientes reductores que permitan anticipar la edad de jubilación que serán, entre otras, la realización previa de estudios sobre siniestralidad en el sector, penosidad, peligrosidad y toxicidad de las condiciones del trabajo, su incidencia en los procesos de incapacidad laboral de los trabajadores y los requerimientos físicos o psíquicos exigidos para continuar con el desarrollo de la actividad a partir de una determinada edad.

- Se prevé el establecimiento de un procedimiento para la revisión de los coeficientes reductores de edad, con una periodicidad de diez años.

Requisitos para acceder a la jubilación anticipada por razón de la actividad

La edad mínima de acceso a la pensión de jubilación [art. 205.1.a) de la LGSS] podrá ser **rebajada** por real decreto, a propuesta del titular del Ministerio de Inclusión, Seguridad Social y Migraciones, en **aquellos grupos o actividades profesionales cuyos trabajos sean de naturaleza excepcionalmente penosa, tóxica, peligrosa o insalubre y acusen elevados** índices **de morbilidad o mortalidad**, siempre que los trabajadores afectados acrediten en la respectiva profesión o trabajo el mínimo de actividad que se establezca.

A tales efectos, reglamentariamente se determinará el procedimiento general para establecer **coeficientes reductores que permitan anticipar la edad de jubilación** en el sistema de la Seguridad Social, que incluirá, entre otras, la realización previa de estudios sobre siniestralidad en el sector, penosidad, peligrosidad y toxicidad de las condiciones del trabajo, su incidencia en los procesos de incapacidad laboral de los trabajadores y los requerimientos físicos o psíquicos exigidos para continuar con el desarrollo de la actividad a partir de una determinada edad.

> **A TENER EN CUENTA.** El establecimiento de coeficientes reductores de la edad de jubilación **solo procederá cuando no sea posible la modificación de las condiciones de trabajo.**

Procedimiento para la solicitud de jubilación anticipada por razón de la actividad

El Real Decreto 1698/2011, de 18 de noviembre, instituye el procedimiento general para establecer coeficientes reductores y anticipar la edad de jubilación en el sistema de la Seguridad Social. Por su parte, el art. 206 de la LGSS posibilita la anticipación de la edad de jubilación con la aplicación de coeficientes reductores; igualmente, art. 26.4 de la LETA, posibilita la anticipación de la edad de jubilación en atención a la naturaleza tóxica, peligrosa o penosa de la actividad ejercida en el caso de los trabajadores autónomos.

|| Condiciones generales

En los términos que se establezcan reglamentariamente, el inicio del procedimiento deberá instarse conjuntamente por organizaciones empresariales y sindicales más representativas, si el colectivo afectado está constituido por trabajadores por cuenta ajena; y por asociaciones representativas de trabajadores autónomos y organizaciones empresariales y sindicales más representativas, cuando se trate de trabajadores por cuenta propia. Cuando el procedimiento afecte al personal de las administraciones públicas la iniciativa corresponderá conjuntamente a las organizaciones sindicales más representativas y a la administración de la que dependa el colectivo.

La **solicitud se presentará por medios telemáticos y deberá ir acompañada de la identificación de la actividad laboral** a nivel nacional a través de la categoría CNAE, subgrupo CNAE secundario, subgrupo y grupo de la clasificación nacional de actividades económicas, así como de la identificación de la ocupación o del grupo profesional, según el caso, especificando, en ambos supuestos, las funciones concretas que se desarrollan y que determinan que la actividad laboral que se realiza es de naturaleza excepcionalmente penosa, tóxica, peligrosa o insalubre y que acusa elevados índices de morbilidad o mortalidad.

Reglamentariamente se establecerán indicadores que acrediten la concurrencia de circunstancias objetivas que justifiquen la aplicación de tales coeficientes a partir de, entre otros, la incidencia, persistencia y duración de los procesos de baja laboral, así como las incapacidades permanentes o fallecimientos que se puedan causar. Su valoración corresponderá a una comisión integrada por los ministerios de Inclusión, Seguridad Social y Migraciones, Trabajo y Economía Social, y Hacienda y Función Pública, junto a las organizaciones empresariales y sindicales más representativas a nivel estatal que estará encargada de evaluar y, en su caso, instar la aprobación de los correspondientes reales decretos de reconocimiento de coeficientes reductores.

Con la finalidad de mantener el equilibrio financiero del sistema, **la aplicación de los coeficientes reductores que se establezcan llevará consigo un incremento en la cotización a la Seguridad Social,** a efectuar en relación con el colectivo, sector y actividad que se delimiten en la norma correspondiente, en los términos y condiciones que, asimismo, se establezcan. Dicho incremento consistirá en aplicar un tipo de cotización adicional sobre la base de cotización por contingencias comunes, tanto a cargo de la empresa como del trabajador.

Los **coeficientes reductores** para la anticipación de la edad de jubilación establecidos en su normativa específica **serán objeto de revisión cada diez**

años, con sujeción al procedimiento que se determine reglamentariamente. Los efectos de la revisión de los coeficientes reductores para la anticipación de la edad de jubilación no afectarán a la situación de los trabajadores que, con anterioridad a la misma, hubiesen desarrollado su actividad y por los períodos de ejercicio de aquélla.

La aplicación de los correspondientes coeficientes reductores de la edad **en ningún caso** dará lugar a que **el interesado pueda acceder a la pensión de jubilación con una edad inferior a la de cincuenta y dos años**.

Los coeficientes reductores de la edad de jubilación no serán tenidos en cuenta, en ningún caso, a efectos de acreditar la exigida para acceder a la jubilación parcial, a los jubilados en una edad superior a la establecida (art. 201.2 de la LGSS), y a cualquier otra modalidad de jubilación anticipada.

Supuestos en los que procede el establecimiento de los coeficientes reductores o la anticipación de la edad de acceso a la jubilación

El establecimiento de coeficientes reductores o, en su caso, la anticipación de la edad para acceder a la jubilación anticipada se llevará cabo, en los términos y condiciones previstos en el **Real Decreto 1698/2011, de 18 de noviembre, por el que se regula el régimen jurídico y el procedimiento general para establecer coeficientes reductores y anticipar la edad de jubilación en el sistema de la Seguridad Social**, con respecto a actividades que necesariamente han de hallarse comprendidas en cualquiera de las siguientes (art. 2 del Real Decreto 1698/2011, de 18 de noviembre):

a) Actividades laborales en las escalas, categorías o especialidades cuyo ejercicio implique el sometimiento a un **excepcional índice de penosidad, peligrosidad, insalubridad o toxicidad** y en las que se hayan comprobado unos elevados índices de morbilidad o mortalidad o la incidencia de enfermedades profesionales.

b) Actividades laborales en las escalas, categorías o especialidades cuya realización, en función de los **requerimientos físicos o psíquicos exigidos para su desempeño**, resulten de excepcional penosidad y experimenten un incremento notable del índice de siniestralidad a partir de una determinada edad, conformado por el índice de accidentes de trabajo y/o el índice de enfermedades profesionales.

> **A TENER EN CUENTA.** También se tendrán en cuenta la morbilidad y mortalidad por enfermedad y su relación directa con el trabajo, y la incapacidad permanente derivada de enfermedad en los términos indicados en el art. 156.2.e) de la LGSS que se produzcan en grado superior a la media.

Reglas para la reducción de la edad de jubilación y para el cómputo del tiempo trabajado

El RD establece una serie de premisas generales:

- En ningún caso el interesado puede acceder a la pensión de jubilación con una edad inferior a los 52 años.

- La acreditación del tiempo de trabajo efectivo en las correspondientes actividades se deducirá de la información obrante en la Tesorería General de la Seguridad Social.

- Será requisito indispensable que quede acreditado que los interesados han realizado un tiempo de trabajo efectivo, en las actividades que den ocasión a la aplicación de los correspondientes coeficientes reductores equivalente al periodo mínimo de cotización exigido para acceder a la pensión de jubilación sin que este periodo exigible pueda ser superior a quince años.

- El período de tiempo en que resulte efectivamente reducida la edad de jubilación del trabajador se computará como cotizado para determinar el porcentaje aplicable a la correspondiente base reguladora para calcular el importe de la pensión de jubilación.

Para el cómputo del tiempo efectivamente trabajado, a efectos de la aplicación del coeficiente o de la anticipación de edad establecidas, se descontarán todas las faltas al trabajo, salvo las siguientes:

- Las que hayan sido causadas por incapacidad temporal derivada de enfermedad común o profesional, o de accidente, sea o no de trabajo.

- Las que tengan por motivo la suspensión del contrato de trabajo por maternidad, paternidad, adopción, acogimiento de menores, riesgo durante el embarazo o riesgo durante la lactancia natural.

- Los permisos y licencias retribuidos, disfrutados en virtud de las correspondientes disposiciones normativas o convencionales.

|| Cotización adicional

La aplicación de los beneficios establecidos en el real decreto analizado llevará consigo un incremento en la cotización a la Seguridad Social, a efectuar en relación con el colectivo, sector o actividad que se delimiten en la norma correspondiente, en los términos y condiciones que, asimismo, se establezcan (art. 146.4 de la LGSS).

Dicho incremento consistirá en aplicar un tipo de cotización adicional sobre la base de cotización por contingencias comunes, tanto a cargo de la empresa como del trabajador, o sobre la base de cotización única, en su caso.

CUESTIÓN

¿En qué actividades se ha regulado la jubilación anticipada siguiendo lo establecido en el Real Decreto 1698/2011, de 18 de noviembre?

La mayoría de los colectivos a los que se aplica la jubilación anticipada por razón de actividad son anteriores al RD 1698/2011 [mineros (RD 3255/1983, de 21 de diciembre), trabajadores ferroviarios (RD 2621/1986, de 24 de diciembre), personal de vuelo (RD 1559/1986, de 28 de junio) o bomberos (Ley 40/2007, de 4 de diciembre)]. Con posterioridad a la publicación del RD analizado encontramos el Real Decreto 1449/2018, de 14 de diciembre, por el que se establece el coeficiente reductor de la edad de jubilación en favor de los policías locales al servicio de las entidades que integran la Administración local.

3.1.2.4. Jubilación anticipada en caso de discapacidad: ¿cabe la jubilación anticipada por discapacidad para el trabajador autónomo?

La reducción de la edad de jubilación para este colectivo tiene su fundamento en el mayor esfuerzo y la penosidad que el desarrollo de una actividad profesional comporta para una persona trabajadora con discapacidad. Desde el 01/01/2022 (tras las modificaciones introducidas por la Ley 21/2021, de 28 de diciembre) este tipo de jubilación se ha regulado mediante el art. 206 bis de la LGSS que, recordemos, es de plena aplicación a las personas trabajadoras autónomas [art. 318.d) de la LGSS].

Con carácter general se posibilita el acceso a la jubilación anticipada por discapacidad mediante dos regulaciones reglamentarias:

- **Real Decreto 1539/2003, de 5 de diciembre,** la fijación de unos coeficientes reductores de la edad de jubilación a favor de los trabajadores que acreditan un grado de discapacidad igual o superior al 65 por ciento.
- **Real Decreto 1851/2009, de 4 de diciembre,** se ha fijado una edad de acceso a la jubilación anticipada para personas trabajadoras con discapacidad en grado igual o superior al 45 por ciento.

Tanto la referencia al carácter general de la regulación como a su aplicación en base al art. 318.d) de la LGSS resultan, al menos por el momento, necesarias en el caso de los trabajadores autónomos dada su **inaplicación en el caso de la jubilación a favor de los trabajadores que acreditan un grado de discapacidad igual o superior al 65 por ciento.** A pesar de que la LGSS no establece distinciones, el Real Decreto 1539/2003, de 5 de diciembre, limita el ámbito de aplicación de esta posibilidad para «(...) trabajadores por cuenta ajena incluidos en los Regímenes General y Especiales Agrario, de Trabajadores del Mar y de la Minería del Carbón que realicen una actividad retribuida y durante ésta acrediten un grado de minusvalía igual o superior al 65 por ciento», es decir, se excluye a los autónomos lo que la deja fuera del objetivo de esta obra.

Jubilación anticipada de trabajadores con una discapacidad igual o superior al 45 por 100: Real Decreto 1851/2009, de 4 de diciembre.

La Ley General de la Seguridad Social, prevé que la edad ordinaria de acceso a la pensión de jubilación podrá reducirse en el caso de trabajadores con un **grado de discapacidad igual o superior al 45 por 100,** siempre que se trate de discapacidades reglamentariamente determinadas en las que concurran evidencias que determinan de forma generalizada y apreciable una reducción de la esperanza de vida de esas personas.

Mediante el **Real Decreto 370/2023, de 16 de mayo, con efectos de 01/06/2023,** la reglamentación contenida en el Real Decreto 1851/2009, de 4 de diciembre, ha sufrido una serie de actualizaciones encaminadas a flexibilizar la jubilación anticipada para las personas trabajadoras con discapacidad superior al 45 por cien:

- En primer lugar, **se modifica el título de la norma** que pasará a ser «Real Decreto 1851/2009, de 4 de diciembre, por el que se desarrolla el texto refundido de la Ley General de la Seguridad Social, aprobado por el Real Decreto Legislativo 8/2015, de 30 de octubre, en cuanto a la anticipación de la jubilación de las personas trabajadoras con discapacidad en grado igual o superior al 45 por ciento».

- Se **reduce a cinco años el período de tiempo durante el cual debe acreditarse haber cotizado estando afecto de una discapacidad en grado igual o superior al 45 por cien debido a alguna de las patologías relacionadas en el nuevo anexo, si bien teniendo que acreditar también que la patología se ha padecido durante el período de quince años exigidos para alcanzar la pensión de jubilación.**

- Se **suprime la relación de patologías determinantes de la reducción de la edad de jubilación, a fin de ubicarlas en el nuevo anexo,** al que se podrán ir incorporando nuevas patologías y al cual se remite la nueva redacción del art. 2 del RD.

- Se establece **que la persona trabajadora acredite, mediante informe médico, que ha estado afectada por alguna de las patologías relacionadas en el anexo, así como la fecha de inicio o manifestación de la misma, sin perjuicio de seguir exigiendo que la acreditación de que la discapacidad deriva de dicha patología y de que el grado ha sido igual o superior al 45 % durante al menos cinco años** deba efectuarse necesariamente mediante certificación del Instituto de Mayores y Servicios Sociales o del órgano correspondiente de la respectiva comunidad autónoma que haya recibido la transferencia de las funciones y servicios de aquel, la cual deberá indicar, en todo caso, la fecha en que se ha iniciado o se ha manifestado la discapacidad.

- Para acoger la doctrina de la STS n.º 729/2017, de 27 de septiembre de 2017, ECLI:ES:TS:2017:3590 (donde se establece que es posible computar otras dolencias no listadas a efectos de acreditar el porcentaje de discapacidad requerido), se establece (art. 5) **la forma en que debe tenerse en cuenta la concurrencia en la persona trabajadora de patologías generadoras de discapacidad distintas de las recogidas en el anexo** a efectos de anticipar su edad de jubilación.

- Se incluye una **nueva D. F. 4.ª** para autorizar la aprobación, mediante orden de la persona titular del Ministerio de Inclusión, Seguridad Social y Migraciones, de un procedimiento para la **inclusión de nuevas patologías** generadoras de discapacidad, la cual fija algunas pautas, tales como el establecimiento de una comisión técnica, que será la encargada de proponer la incorporación de nuevas patologías en el anexo para garantizar la objetividad del procedimiento.

- Se incluye **un anexo** al que se incorporan las patologías generadoras de discapacidad —se mantienen las mismas discapacidades que pueden dar lugar a la reducción de la edad de jubilación que relacionaba el artículo 2 en su anterior redacción—, al que se irán **incorporando las nuevas patologías.**

Con efectos de **01/06/2023**:

Beneficiarios/requisitos

Los trabajadores por cuenta ajena y por cuenta propia incluidos en cualquiera de los regímenes que integran el Sistema de la Seguridad Social, que acrediten, a lo largo de su vida laboral haber trabajado un tiempo efectivo equivalente, al menos, al período mínimo de cotización que se exige para poder acceder a la pensión de jubilación, estando **afectados durante ese tiempo por alguna de las patologías generadoras de discapacidad** (anexo del Real Decreto 1851/2009, de 4 de diciembre) y dentro de ese período durante **al menos cinco años con un grado de discapacidad igual o superior al 45 por ciento**, motivado por las mismas patologías.

> **A TENER EN CUENTA.** Como novedades destacan que, desde el 01/06/2023, en el periodo de cotización exigido para la jubilación anticipada deberá acreditarse que, al menos, 5 años lo fueron con un grado de discapacidad del 45 por ciento (hasta el 31/05/2023 se exigían 15 a). Del mismo modo, a la hora de determinar el grado de discapacidad, se podrán agregar nuevas patologías.

JURISPRUDENCIA

STS n.º 353/2024, de 23 de febrero del 2024, ECLI:ES:TS:2024:1074

Derecho a la pensión de jubilación anticipada por discapacidad en grado igual o superior al 45 %. Exigencia de discapacidad listada, en grado igual o superior al 45 % y cotización efectiva de 15 años.

Discapacidades que pueden dar lugar a la reducción de la edad de jubilación

En cuanto a la anticipación de la jubilación de los trabajadores con discapacidad en grado igual o superior al 45 por 100, a los efectos de la aplicación de lo establecido en el art. 206 bis LGSS, las discapacidades en las que concurren evidencias que determinan de forma generalizada y apreciable una reducción de la esperanza de vida y que podrán dar lugar a la anticipación de la edad de jubilación regulada en este real decreto, son las siguientes (art. 2 y anexo del RD 1851/2009, de 4 de diciembre):

a) Discapacidad intelectual (antes retraso mental).

b) Parálisis cerebral.

c) Anomalías genéticas:

- Síndrome de Down.
- Síndrome de Prader Willi.
- Síndrome X frágil.
- Osteogénesis imperfecta.
- Acondroplasia.
- Fibrosis Quística.

- Enfermedad de Wilson.
d) Trastornos del espectro autista.
e) Anomalías congénitas secundarias a Talidomida.
f) Secuelas de polio o síndrome postpolio.
g) Daño cerebral (adquirido):
   - Traumatismo craneoencefálico.
   - Secuelas de tumores del SNC, infecciones o intoxicaciones.
h) Enfermedad mental:
   - Esquizofrenia.
   - Trastorno bipolar.
i) Enfermedad neurológica:
   - Esclerosis Lateral Amiotrófica.
   - Esclerosis múltiple.
   - Leucodistrofias.
   - Síndrome de Tourette.
   - Lesión medular traumática.

Edad mínima de jubilación

La edad mínima de jubilación de las personas afectadas, en un grado igual o superior al 45 por ciento, por una discapacidad que pueden dar lugar a la reducción de la edad de jubilación será, excepcionalmente, la de **56 años** (art. 2-3 del Real Decreto 1851/2009, de 4 de diciembre).

Cómputo del tiempo trabajado

Para el cómputo del tiempo efectivo trabajado, a efectos de la aplicación de lo previsto en el RD 1851/2009, de 4 de diciembre se descontarán todas las ausencias al trabajo, excepto las siguientes:

- Las que tengan por motivo la baja médica por enfermedad común o profesional, o accidente, sea o no de trabajo.
- Las que tengan por motivo la suspensión del contrato de trabajo por maternidad, paternidad, adopción, acogimiento, riesgo durante el embarazo o riesgo durante la lactancia natural.
- Las ausencias del trabajo con derecho a retribución.

Acreditación de la discapacidad

La afectación de la persona trabajadora por alguna de las patologías generadoras de discapacidad (anexo del Real Decreto 1851/2009, de 4 de diciembre), habrá de acreditarse mediante informe médico que deberá indicar, en todo caso, la fecha en que se ha iniciado o se ha manifestado la patología, ya sea esta la fecha del nacimiento o una posterior.

La acreditación de que la discapacidad deriva de una de las patologías relacionadas en el anexo del Real Decreto 1851/2009, de 4 de diciembre y de que el grado de discapacidad ha sido igual o superior al 45 por ciento durante al menos cinco años deberá efectuarse en todo caso mediante certificación del Instituto de Mayores y Servicios Sociales o del órgano correspondiente de la respectiva comunidad autónoma que haya recibido la transferencia de las funciones y servicios de aquel, debiendo indicar, también en todo caso, la fecha en que se ha iniciado o se ha manifestado la discapacidad (art. 5 del Real Decreto 1851/2009, de 4 de diciembre).

Situación de alta o asimilada

Será requisito indispensable para acceder a la jubilación anticipada de trabajadores con discapacidad en grado igual o superior al 45 por 100, la condición de hallarse en alta o en situación asimilada a la de alta en la fecha del hecho causante.

Cálculo de la pensión de jubilación

El período de tiempo en que resulte reducida la edad de jubilación del trabajador se computará como cotizado al exclusivo efecto de determinar el porcentaje aplicable a la correspondiente base reguladora para calcular el importe de la pensión de jubilación.

Evaluación y seguimiento

El seguimiento y evaluación de las solicitudes de jubilación anticipada será evaluado y seguido por el Instituto Nacional de la Seguridad Social y el Instituto Social de la Marina realizarán.

Procedimiento de inclusión de nuevas patologías generadoras de discapacidad

La D.F. 4.ª del Real Decreto 1851/2009, de 4 de diciembre autoriza la aprobación, mediante orden de la persona titular del Ministerio de Inclusión, Seguridad Social y Migraciones, de un procedimiento para la inclusión de nuevas patologías generadoras de discapacidad igual o superior al 45 por 100. Según la norma el procedimiento deberá habilitarse antes del 1 de diciembre de 2023.

3.1.3. Jubilación parcial: ¿puede un autónomo jubilarse parcialmente?

El art. 318 de la LGSS, dispone que la jubilación parcial resultará de aplicación a los trabajadores por cuenta propia incluidos en los Regímenes Especiales de Trabajadores del Mar y de Trabajadores Autónomos, en los términos y condiciones que se establezcan reglamentariamente.

El sistema de jubilación parcial anticipada para trabajadores autónomos no se ha regulados por el momento, no obstante, como desarrollaremos al tratar la continuidad de la actividad tras la jubilación del autónomo, es posible compatibilizar con su jubilación un trabajo por cuenta ajena (a tiempo completo o a tiempo parcial) o por cuenta propia en los términos previstos en el art. 214 de la LGSS.

Del mismo modo, la pensión de jubilación será compatible con el mantenimiento de la titularidad del negocio y con el desempeño de las funciones inherentes a dicha titularidad.

CUESTIÓN

¿Qué significa la expresión «funciones inherentes a la titularidad del negocio»?

La STS de Castilla-León, de 7 de febrero de 2014, ECLI:ES:TSJCL:2014:3122, nos recuerda: «El alcance de la expresión "funciones inherentes a la titularidad del negocio "fue precisado por Resolución de la Dirección General de Ordenación de la Seguridad Social de 13 de agosto de 1999, afirmando que "las funciones inherentes a la titularidad del negocio de que se trate, a que se refiere el art 93.2 de la Orden de 24 de septiembre de 1970, comprenden exclusivamente dictar instrucciones directas y criterios de actuación a las personas que tienen encomendada la gestión y administración de la empresa, así como los actos de disposición que no sean necesarios para efectuar aquélla. (...) Fuera de lo anterior, es decir, todo lo que suponga gestión, administración y dirección ordinaria de la empresa debe reputarse actividad incompatible con la pensión de jubilación del RETA, tanto para el empresario individual como para el empresario "de hecho" de una sociedad mercantil capitalista, pues dará lugar al alta en el Sistema de la Seguridad Social —RETA—, pudiéndose citar, a título de ejemplo, la firma de contratos en general, de Convenios Colectivos, solicitudes de crédito, representación en juicio y fuera de él de la empresa, firma de avales y cuantos actos jurídicos requiera la gestión y administración ordinaria reiteradamente aludida».

Por último, el art. 214.4 de la LGSS establece que «El percibo de la pensión de jubilación será compatible con la realización de trabajos por cuenta propia cuyos ingresos anuales totales no superen el salario mínimo interprofesional, en cómputo anual. Quienes realicen estas actividades económicas no están obligado a cotizar por las prestaciones de la Seguridad Social. Las actividades especificadas en el párrafo anterior, por las que no se cotice, no generarán nuevos derechos sobre las prestaciones de la Seguridad Social».

3.1.4. Jubilación flexible: ¿puede un autónomo acceder a la jubilación flexible?

Se considera como situación de jubilación flexible la derivada de la posibilidad de compatibilizar, una vez causada, la pensión de jubilación con un trabajo a tiempo parcial, dentro de los límites de jornada a que se refiere el art. 12.6 del ET. Es decir, nuestro ordenamiento jurídico permite que las personas jubiladas puedan compatibilizar su pensión de jubilación con un trabajo a tiempo parcial. Durante dicha situación, se minorará el percibo de la pensión en proporción inversa a la reducción aplicable a la jornada de trabajo del pensionista en relación a la de un trabajador a tiempo completo comparable (art. 213.1 de la LGSS).

Dado que esta modalidad de jubilación exige compaginar un contrato laboral a tiempo parcial con una parte de la pensión no podemos hablar de una jubilación flexible para autónomos. No obstante, si un autónomo jubilado en el RETA fuese contratado a tiempo parcial en el RGSS la compatibilidad, y por tanto el acceso a la jubilación flexible, sería posible al no existir ninguna limitación sobre el origen de la pensión de jubilación.

3.1.5. Jubilación demorada

La jubilación voluntaria demorada es la posibilidad reconocida a las personas trabajadoras (por cuenta propia o ajena) de que, una vez cumplida la edad ordinaria de jubilación y una serie de requisitos [**haber cotizado a la Seguridad Social o a clases pasivas como mínimo 15 años y tener cumplida la edad de jubilación ordinaria establecida en ese momento**], se prolongue la vida laboral con beneficios en la prestación de jubilación futura (art. 210 de la LGSS).

> **A TENER EN CUENTA.** El art. 210 de la LGSS se aplica a las personas trabajadoras autónomas.

Antes de la reforma de las pensiones con efectos de 01/01/2022, el futuro prestacionista recibía un porcentaje adicional por cada año transcurrido desde la edad ordinaria de jubilación hasta la jubilación efectiva en función de los años cotizados que oscilaba entre un 2 y un 4 % (art. 210.2 de la LGSS en redacción anterior al 01/01/2022).

Desde el 01/01/2022, el nuevo art. 210.2 de la LGSS sustituye el porcentaje adicional en función de los años de cotización acreditados por un complemento económico. De esta forma, cuando se acceda a la pensión de jubilación a una edad superior a la establecida en cada momento [art. 205.1.a) de la LGSS], siempre que al cumplir esta edad se hubiera reunido el período mínimo de cotización [art. 205.1.b) de la LGSS], se reconocerá al interesado por cada año completo cotizado que transcurra desde que reunió los requisitos para acceder a esta pensión, un complemento económico que se abonará de alguna de las siguientes maneras, a elección del interesado (art. 210.2 de la LGSS).

Con efectos del 18/05/2023 (y de aplicación a las pensiones cuya fecha de hecho causante sea posterior a su entrada en vigor), el **Real Decreto 371/2023, de 16 de mayo desarrolla el régimen jurídico de este complemento económico** (art. 210.2 de la LGSS) en los supuestos de acceso a la pensión de jubilación a una edad superior a la ordinaria aplicable en cada caso.

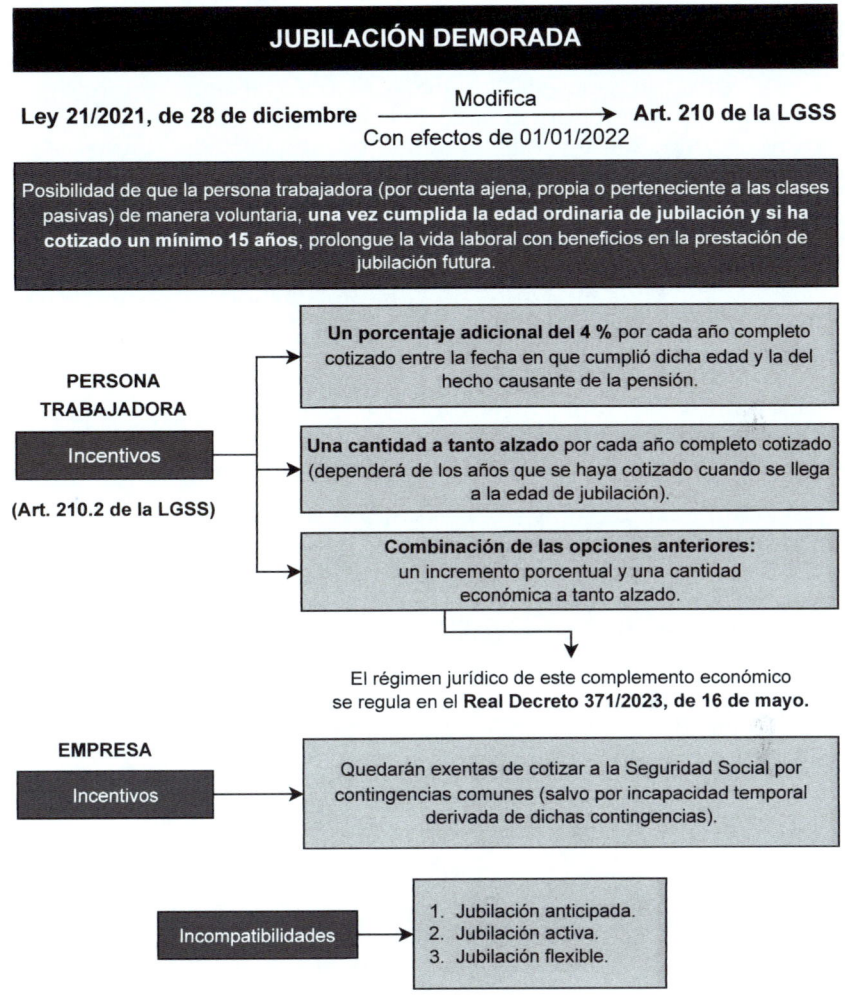

Modalidades de abono del complemento económico

Se ofrecen tres tipos de incentivos:

Un porcentaje adicional del 4 por ciento por cada año completo cotizado entre la fecha en que cumplió dicha edad y la del hecho causante de la pensión

Este porcentaje adicional se sumará al que corresponda con carácter general a la respectiva base reguladora para determinar la cuantía de la pensión. No obstante, no podrá ser superior en ningún caso a la cuantía máxima de la pensión establecida con carácter anual (art. 57 de la LGSS).

En el supuesto de que la cuantía de la pensión reconocida alcance el indicado límite sin aplicar el porcentaje adicional o aplicándolo solo parcialmente, el interesado tendrá derecho, además, a percibir anualmente una cantidad cuyo importe se obtendrá aplicando al importe de dicho límite vigente en cada momento el porcentaje adicional no utilizado para determinar la cuantía de la pensión, redondeado a la unidad más próxima por exceso. La citada cantidad se devengará por meses vencidos y se abonará en catorce pagas, sin que la suma de su importe y el de la pensión o pensiones que tuviera reconocidas el interesado, en cómputo anual, pueda superar la cuantía del tope máximo de la base de cotización vigente en cada momento, también en cómputo anual [arts. 210.2.a) de la LGSS y 2 del Real Decreto 371/2023, de 16 de mayo].

Una cantidad a tanto alzado por cada año completo cotizado entre la fecha en que se cumplió la edad ordinaria de jubilación aplicable y la del hecho causante de la pensión

Una cantidad a tanto alzado por cada año completo cotizado entre la fecha en que cumplió dicha edad y la del hecho causante de la pensión (dependerá de los años que se haya cotizado cuando se llega a la edad de jubilación), cuya cuantía vendrá determinada en función de los años de cotización acreditados en la primera de las fechas indicadas, siendo la fórmula de cálculo la siguiente [arts. 210.2.a) y b) de la LGSS y 2-3 del Real Decreto 371/2023, de 16 de mayo]:

1.º Si ha cotizado menos de 44 años y 6 meses:

$$\text{Pago único} = 800 \, (\text{Pensión inicial anual}/500)^{1/1,65}$$

2.º Si ha cotizado, al menos, 44 años y 6 meses la cifra anterior se aumenta en un 10 %:

$$\text{Pago único} = 880 \, (\text{Pensión inicial anual}/500)^{1/1,65}$$

Ejemplo: según los datos publicados a modo de ejemplo por el acuerdo para la reforma de las pensiones, una persona con una jubilación de 9.569 euros/año (683 euros/mes) podría optar a una prima en pago único de 4.786,27 euros (en caso de haber cotizado menos de 44 años y 6 meses) o de 5.264 euros por cada año de demora en la jubilación (en caso de haber cotizado más de 44 años y 6 meses); para una pensión máxima (37.567 euros anuales) y una carrera de cotización prolongada (más de 44 años y 6 meses), el incentivo se situaría en los 12.060 euros por cada año de demora en la jubilación.

Especificaciones:

- En aquellos casos en los que la cuantía de la pensión reconocida superase el límite de la cuantía inicial de las pensiones (art. 57 de la LGSS) aplicable en la fecha del hecho causante, para el cálculo de la cantidad a tanto alzado, se tomará como pensión inicial anual la cuantía de la pensión máxima vigente en ese momento.

- Cuando concurran más de una pensión de jubilación sobre la que proceda aplicar el complemento a que se refiere este artículo y la suma de todas ellas supere el límite al que se refiere el párrafo anterior, la cuantía a tanto alzado que corresponda a cada una de ellas se calculará tomando como pensión inicial anual el importe anual de la pensión ya minorada en aplicación de las normas de concurrencia de pensiones.

|| **Opción mixta (combinación de las opciones anteriores)**

Las personas interesadas podrán optar por esta modalidad de pago del complemento cuando acrediten, al menos, dos años completos cotizados entre la fecha en que cumplieron la edad ordinaria de jubilación aplicable y la del hecho causante de la pensión de jubilación, siempre que al cumplir esa edad se hubiera reunido el periodo mínimo de cotización establecido [art. 205.1.b) de la LGSS]. En este caso, el complemento se fijará del siguiente modo:

1. Para el **cómputo del período cotizado** a considerar, se tomarán años completos, sin que se equipare a un año la fracción del mismo.

2. Cuando entre la fecha de cumplimiento de la edad ordinaria de jubilación aplicable y la del hecho causante de la pensión de jubilación se acredite un **período de dos a diez años completos cotizados**, el complemento consistirá en la suma de:

   a) Un porcentaje adicional del 4 por ciento por cada año de la mitad de ese período, tomando el número entero inferior. Se aplicarán a este porcentaje las previsiones establecidas en el artículo 210.2.a) de la Ley General de la Seguridad Social.

   b) Una cantidad a tanto alzada por el resto del periodo considerado, determinada de acuerdo con lo indicado en el art. 210.2 b) de la Ley General de la Seguridad Social y en el art. 2.1.b) del Real Decreto 371/2023, de 16 de mayo.

3. Cuando entre la fecha de cumplimiento de la edad ordinaria de jubilación aplicable y la del hecho causante de la pensión se acredite un **período de once o más años completos cotizados**, el complemento consistirá en la suma de:

   a) Una cantidad a tanto alzada por cinco años de ese período, determinada de acuerdo con lo indicado en el art. 210.2 b) de la Ley General de la Seguridad social y en el art. 2.1.b) del Real Decreto 371/2023, de 16 de mayo.

   b) Un porcentaje adicional del 4 por ciento por cada uno de los años restantes, al que se aplicarán las previsiones establecidas en el art. 210.2.a) de la Ley General de la Seguridad Social.

Para cualquier modalidad elegida:

- La elección se llevará a cabo por una sola vez en el momento en que se adquiere el derecho a percibir el complemento económico, no pudiendo ser modificada con posterioridad. De no ejercitarse esta facultad, se aplicará el porcentaje adicional del 4 por ciento [arts. 210.2.c) de la LGSS y 2-3 del Real Decreto 371/2023, de 16 de mayo]. Es decir, una vez elegida la modalidad a la que se refiere el apartado anterior, no podrá ser modificada con posterioridad (art. 5 del Real Decreto 371/2023, de 16 de mayo).

- La percepción de este complemento es **incompatible con el acceso al envejecimiento activo** (art. 214 de la LGSS y art. 6 del Real Decreto 371/2023, de 16 de mayo) teniendo en cuenta las siguientes **reglas**:

  - a) Cuando se hubiese optado por percibir el complemento bajo la modalidad de porcentaje adicional [art. 2.1.a) de Real Decreto 371/2023, de 16 de mayo], su percibo quedará suspendido durante el tiempo en que se aplique el régimen de compatibilidad del trabajo con la pensión de jubilación (art. 214 de la LGSS].

  - b) Cuando se hubiese optado por percibir el complemento bajo la modalidad de cantidad a tanto alzado [art. 2.1.b) de Real Decreto 371/2023, de 16 de mayo], o bajo la fórmula mixta [art. 2.1.c) de Real Decreto 371/2023, de 16 de mayo], no será posible aplicar el régimen de compatibilidad del trabajo con la pensión de jubilación. Es decir, no se aplicará lo previsto en el art. 214 de la Ley General de la Seguridad Social.

> **A TENER EN CUENTA.** Estas previsiones únicamente se aplicarán a las pensiones de jubilación demorada (art. 210.2 de la LGSS] cuyo hecho causante sea posterior a 31 de diciembre de 2021.

- Este beneficio no se aplicará en los supuestos de jubilación parcial, ni en el de jubilación flexible [art. 213.1 (párrafo 2.º) de la LGSS], ni en los supuestos de acceso a la jubilación desde una situación asimilada al alta.

- Adicionalmente, se aplica una **exención de la obligación de cotizar por contingencias comunes,** salvo en el caso de incapacidad temporal, a partir del cumplimiento de la edad de jubilación ordinaria que corresponda en cada caso. Esta opción se extiende también a los pensionistas del régimen de clases pasivas (modificación del art. 152 de la LGSS).

- **La jubilación demorada en el supuesto de aplicación de normas internacionales cuenta con reglas especiales** (art. 4 del Real Decreto 371/2023, de 16 de mayo). Cuando la pensión contributiva que determina el derecho al complemento se cause por totalización de períodos de seguro a *prorrata temporis* en aplicación de normativa internacional, el importe real del complemento será el siguiente:

  - Si se ha optado por el porcentaje adicional [art. 2.1.a) del Real Decreto 371/2023, de 16 de mayo], a este se sumará el porcentaje que corresponda con carácter general (art. 210.1 de la LGSS), aplicándose la suma resultante a la base reguladora a efectos de determinar la pensión teórica, que no podrá ser superior en ningún caso al límite establecido (art. 57 de la LGSS). Al resultado obtenido se le aplicará la *prorrata temporis* que corresponda por la totalización de períodos de seguro.

– En el supuesto de que la cuantía de la pensión teórica alcance el límite establecido en el artículo 57 del texto refundido de la Ley General de la Seguridad Social sin aplicar el porcentaje adicional o aplicándolo sólo parcialmente, la persona interesada tendrá derecho a percibir la cuantía resultante de aplicar a la cantidad a que se refiere el tercer párrafo del art.210.2.a) de la LGSS prorrata aplicada a la pensión a la que acompaña.

– En caso de haberse optado por la cantidad a tanto alzado [art. 2.1.b) del Real Decreto 371/2023, de 16 de mayo], el importe del complemento a tanto alzado será el resultado de aplicar a dicha cantidad la prorrata aplicada a la pensión a la que acompaña.

– Si se ha optado por una combinación de porcentaje y cantidad a tanto alzado [art. 2.1. c) del Real Decreto 371/2023, de 16 de mayo], el importe real del complemento será el resultado de aplicar respectivamente a cada uno de ellos las reglas previstas en los apartados anteriores.

CUESTIONES

1. ¿Cómo puedo calcular mi futura pensión en caso de prolongar mi vida laboral?

El simulador de jubilación disponible en el portal **«Tu Seguridad Social»** permite hacer una estimación de la pensión de jubilación con los parámetros indicados.

2. ¿Las clases pasivas del Estado tienen derecho a estos incentivos a la prolongación de la vida laboral?

Sí. También podrán elegir entre las tres opciones desarrolladas. No obstante, con carácter previo, deberán comunicar su intención de demorar su jubilación a los servicios de recursos humanos de su centro de trabajo para que les autoricen esta posibilidad.

3. ¿Cómo se solicita el incentivo?

El modelo oficial de solicitud de pensión de jubilación tiene un apartado para los supuestos de prolongación de la edad de jubilación donde permite escoger entre las tres posibilidades (aumento porcentual sobre su futura pensión, cheque con una cantidad a tanto alzado o una combinación de ambas). El cálculo lo realizará la TGSS de forma automática.

4. Si una persona trabajadora opta por la jubilación demorada, ¿qué beneficios tiene para las empresas?

La cotización al Régimen General a partir de la edad de jubilación se regula en el art. 152 de la LGSS. Las empresas y las personas trabajadoras quedarán exentas de cotizar a la Seguridad Social por contingencias comunes, salvo por incapacidad temporal derivada de dichas contingencias.

5. ¿La jubilación demorada es compatible con algún otro tipo de jubilación?

No. La jubilación demorada es incompatible con la jubilación anticipada, la jubilación activa (compatibilidad entre la pensión de jubilación y el trabajo por cuenta ajena o propia) o la jubilación flexible (compatibilidad entre la pensión de jubilación y un trabajo a tiempo parcial).

6. Las diferentes modalidades de cobro en caso de jubilación demorada, ¿cómo tributan en el IRPF?

La DGT se ha pronunciado sobre estos aspectos en las Resoluciones vinculantes n.º V 2575-22; V2576-22; V2577-22 y V 2581-22. Conforme con la normativa que se analiza en las citadas resoluciones, se descarta la aplicación de la reducción del 30 % del art. 18.2 de la LIRPF [no operativa en las prestaciones del art. 17.2.a) de la LIRPF], pero sí resultará aplicable la reducción del 30 % del art. 18.3 de la LIRPF sobre el complemento económico de jubilación demorada tanto en el supuesto de «una cantidad a tanto alzado (...)» del art. 210.2.b) y c) de la LGSS.

Cotización al RETA a partir de la edad de jubilación y exoneración de cuotas

Como **medida para el retraso de la jubilación** se ha establecido la exención en el pago de cuotas a la Seguridad Social para empresarios y trabajadores a partir de la edad de jubilación (arts. 152, 311, 320, D.T. 7.ª de la LGSS).

Siguiendo el art. 311 de la LGSS, los trabajadores incluidos en el régimen especial de trabajadores por cuenta propia o autónomos **quedarán exentos de cotizar a la Seguridad Social, salvo por incapacidad temporal y por contingencias profesionales**, una vez hayan alcanzado la edad de acceso a la pensión de jubilación que en cada caso resulte de aplicación cuando cumplan los siguientes requisitos [art. 205.1.a) y D.T. 7.ª de la LGSS y Orden de cotización anual]:

- Estar dado de alta en el Régimen Especial de Trabajadores Autónomos (RETA).
- Haber cumplido sesenta y siete años.
- Haber cumplido sesenta y cinco años cuando se acrediten treinta y ocho años y seis meses de cotización, sin que se tenga en cuenta la parte proporcional correspondiente a las pagas extraordinarias.

A TENER EN CUENTA. El tipo de cotización por incapacidad temporal derivada de contingencias comunes en estos supuestos será: del 1,56 por 100 para los trabajadores por cuenta propia o autónomos y para los trabajadores por cuenta propia del Régimen Especial de la Seguridad Social de los Trabajadores del Mar; y del 3,30 (en caso de acogerse a la mejora voluntaria de la incapacidad temporal por contingencias comunes) o el 2,80 por 100 (en caso de acogerse a la protección por contingencias profesionales o por cese de actividad) en el supuesto de los trabajadores por cuenta propia agrarios. [Art. 30 de la Orden PJC/51/2024, de 29 de enero].

Las edades de jubilación y el período de cotización se aplicarán de forma gradual, en los términos que resultan del cuadro establecido en la D.T. 7.ª de la LGSS. Si al cumplir la edad citada el trabajador no tuviere cotizados el número de años en cada caso requerido, la exención prevista será aplicable a partir de la fecha en que se acrediten los años de cotización exigidos para cada supuesto.

CUESTIONES

1. Los autónomos mayores de 65 años que opten por continuar trabajando, ¿dejan de pagarán la cuota de autónomos?

No. De cumplir los requisitos establecidos deberán abonar una cuota reducida por incapacidad temporal y contingencias profesionales.

2. ¿La cuota reducida en caso de jubilación demorada es la misma que la cuota de solidaridad?

No. La denominada cuota de solidaridad (art. 310 de la LGSS) se establece para los casos de jubilación activa compatible con la realización de cualquier trabajo por cuenta propia (art. 214 de la LGSS) mientras la exención de parte de la cuota analizada en este punto (art. 311 de la LGSS) se aplica a la jubilación demorada (una vez cumplida la edad ordinaria de jubilación se prolonga la vida laboral con beneficios en la prestación de jubilación futura). La cuota de solidaridad es superior a la cuota reducida por jubilación demorada.

JURISPRUDENCIA

STS n.º 191/2018, de 21 de febrero de 2018, ECLI:ES:TS:2018:819

Analizando el acceso a la pensión de jubilación en el Régimen General de la Seguridad Social tras prestar servicios encuadrado exonerado del pago de cuotas, el TS entiende que, para el cálculo de la base reguladora de la pensión en el periodo en el que el trabajador estuvo exonerado de cotizar, se aplican las reglas del régimen en el que se concedió la pensión, es decir, del Régimen General de la Seguridad Social, calculándose las bases atendiendo a las bases por las que hubiera cotizado en el año inmediatamente anterior.

3.4. Jubilación habiendo cotizado en régimen general y autónomos: ¿es posible tener dos pensiones?

La jubilación en España puede ser compleja cuando un trabajador ha cotizado en diferentes regímenes de la Seguridad Social, como el Régimen General (RGSS) y el Régimen Especial de Trabajadores Autónomos (RETA). La normativa permite la acumulación de cotizaciones de distintos regímenes bajo ciertas condiciones, lo que puede afectar tanto al derecho a la pensión como a su cuantía.

Acumulación de cotizaciones a varios regímenes de la Seguridad Social

Según el art. 49 de la LGSS cuando se acrediten cotizaciones a varios regímenes y no se cause derecho a pensión en uno de ellos, las bases de cotización acreditadas en este último en régimen de pluriactividad podrán ser acumuladas a las del régimen en que se cause la pensión, exclusivamente para la determinación de la base reguladora de la misma, sin que la suma de las bases pueda exceder del límite máximo de cotización vigente en cada momento. (STS n.º 116/2017, de 9 de febrero de 2017, ECLI:ES:TS:2017:863).

Dicho de otro modo, si la persona trabajadora autónoma ha cotizado en varios regímenes, se suman los periodos cotizados en los diferentes regímenes, siempre y cuando no se hayan producido al mismo tiempo. Por ejemplo, si una persona ha cotizado 10 años en el régimen general y, con posterioridad, 25 años en el RETA, se computan 35 años de periodo de carencia para el cálculo de la jubilación en el régimen que corresponda. No obstante, si hubiese cotizado 2 años al RGSS (por una base de 1.323,00 euros) y RETA (por una base de 735,29 euros) a la vez, el periodo computado sería de 2 años para la jubilación en el régimen que corresponda (pero su base de cotización sería de 2.058,29 euros).

El **cómputo recíproco de cotizaciones** entre los distintos regímenes se regula principalmente en el Real Decreto 691/1991, de 12 de abril. En el artículo 4 de este RD se establece:

> «1. En los casos de pensiones de jubilación o retiro, invalidez permanente o muerte y supervivencia, cuando el causante tenga acreditados, sucesiva o alternativamente, períodos de cotización en más de un régimen de los referidos en el artículo 1.º1 del presente Real Decreto, dichos períodos, y los que sean asimilados a ellos que hubieran sido cumplidos en virtud de las normas que los regulen, podrán ser totalizados a solicitud del interesado, siempre que no se superpongan, para la adquisición del derecho a pensión, así como para determinar, en su caso, el porcentaje por años de cotización o de servicios aplicable para el cálculo de la misma.
>
> 2. La pensión será reconocida por el Órgano o Entidad gestora del régimen al que el causante hubiera efectuado las últimas cotizaciones. En el supuesto de que ésta fuera simultánea, la competencia para la resolución corresponderá al régimen respecto del cual aquél tuviera acreditado mayor periodo cotizado. Dicho Órgano o Entidad resolverá aplicando sus propias normas pero teniendo en cuenta la totalización de periodos a que se refiere el número anterior.
>
> No obstante, si en tal régimen el interesado no cumpliese las condiciones exigidas para obtener derecho a pensión, procederá que resuelva el otro régimen con aplicación de sus propias normas y teniendo en cuenta, asimismo, la expresada totalización».

A TENER EN CUENTA. Las disposiciones transcritas se corresponden con lo dispuesto en los artículos 35 del Decreto 2530/1970, de 20 de agosto y 67 de la Orden de 24 de septiembre de 1970 que regulan el cómputo de cotizaciones a otros regímenes en el régimen especial de trabajadores autónomos.

JURISPRUDENCIA

STS, rec. 5050/2018, de 10 de noviembre de 2021, ECLI:ES:TS:2021:4182

Forma de cálculo de la base reguladora cuando el solicitante pasó de estar integrado en el Régimen General de la Seguridad Social a estarlo en el RETA, sin obligación de cotizar.

STS, rec. 494/2016 de 15 de marzo de 2018, ECLI:ES:TS:2018:1214

«(...) la misma naturaleza contributiva del sistema determina que unas mismas cotizaciones no den origen a un número indefinido de prestaciones que puedan percibirse simultáneamente, pero al propio tiempo se establece el modo en que las mismas pueden ser aprovechadas, (...) para el caso de pluriactividad que, de no causar derecho a pensión en uno de los Regímenes, las bases de cotización acreditadas en éste, podrán ser acumuladas a las del Régimen en que se cause la pensión, exclusivamente para la determinación de la base reguladora de la misma, siempre que la suma no exceda del límite máximo de cotización vigente en cada momento y con la condición de acreditar la permanencia en la pluriactividad durante los diez años inmediatamente anteriores al hecho causante y en otro caso, la parte proporcional. "El resultado es, obviamente una sola pensión obtenida de la suma de cotizaciones que se originan en diversas fuentes de obligación. Por contra la superposición, que impide la intercomunicación podrá, en su caso, dar origen a distintas prestaciones, con el único límite del que en cada momento se imponga a las percepciones de fondos públicos. En definitiva, se está en todo momento configurando un paisaje prestacional vinculado a la presencia de cotizaciones con independencia de su origen, siendo lo relevante su uso con el matiz temporal de su carácter sucesivo a la hora de construir una carrera de seguro, de suerte que de una sola no surja un haz de prestaciones coincidentes en el objeto de cobertura"».

CUESTIONES

1. ¿Qué significa la expresión del art. 49 de la LGSS que «no se cause derecho a pensión en uno de ellos»?

Según ha interpretado la STS n.º 773/2019, de 13 de noviembre de 2019, ECLI:ES:TS:2019:3736, la acumulación de bases sólo procede cuando no se cause o pueda causarse pensión en un régimen, pero no cuando tal circunstancia constituya una posibilidad futura al seguir el sujeto en alta y cotizando en el régimen cuyas cotizaciones pretende acumular. La interpretación del Tribunal Supremo del artículo 49 de la LGSS clarifica que para la acumulación de cotizaciones superpuestas es necesario demostrar no solo la ausencia de derecho a pensión en el momento de la solicitud, sino también la imposibilidad real de obtenerla en el futuro en el régimen cuyas cotizaciones se quieren acumular. Esta interpretación tiene implicaciones significativas para los afiliados en situación de pluriactividad, limitando la posibilidad de incrementar la base reguladora de su pensión mediante la acumulación de cotizaciones de diferentes regímenes.

2. ¿Cuál es la importancia del régimen al que el causante hubiera efectuado las últimas cotizaciones?

Resumidamente, podría decirse que las prestaciones, inicialmente, se causan por el régimen en el que el trabajador se encuentre de alta al tiempo de causarse la prestación protegida, siempre que el beneficiario reúna en él todos los requisitos necesarios para causarla, incluido el periodo de carencia exigible, sin que se acuda al cómputo de otras cotizaciones y a normas aplicables en otros regímenes más que cuando sea preciso para cubrir el periodo de carencia o incrementar el porcentaje aplicable a la base reguladora para determinar el importe de la pensión, cual muestran el n.º 2 del citado art. 35 y dispone el art. 4.1 del R.D. 691/1991 que dice que los periodos de cotización acreditados en otros regímenes «podrán ser totalizados a solicitud del interesado (...) para la adquisición del derecho (...)», precepto cuyo n.º 2 reitera que la pensión será reconocida por «el régimen al que el causante hubiera efectuado las últimas cotizaciones», lo que evidencia que el cómputo de las cotizaciones y normas de los diferentes regímenes a los que se haya cotizado sólo será preciso cuando el beneficiario lo pida, cuando necesite su cómputo para acreditar el periodo de carencia exigido o para que el porcentaje a aplicar a la base reguladora para fijar la pensión sea superior. (STS, rec. 24/01/2012, de 24 de enero de 2012, ECLI:ES:TS:2012:746).

Si se ha cotizado a varios regímenes, ¿cuál de ellos reconocerá la pensión de jubilación?

La acumulación de bases solo procede cuando no se cause o pueda causarse pensión en un régimen. Además, la pensión será reconocida por el régimen al que el causante hubiera efectuado las últimas cotizaciones, y si estas fueran simultáneas, por el régimen con mayor periodo cotizado.

En el cómputo recíproco de cotizaciones se establece un orden de prioridad en base a las condiciones de cotización:

- **Régimen de alta en el momento del hecho causante:** el primer criterio es que la pensión será reconocida por el régimen en el que el interesado esté en alta en el momento del hecho causante (momento de la jubilación) o el último en que se produjo tal circunstancia, siempre que se reúnan todos los requisitos necesarios.

  «a) Para que el trabajador cause derecho a la pensión en el régimen a que se estuviese cotizando en el momento de solicitar la prestación, será inexcusable que reúna los requisitos de edad, períodos de carencia y cualesquiera otros que en el mismo se exijan, computando a tal efecto solamente las cotizaciones efectuadas en dicho régimen» [art. 35.2.a) Decreto 2530/1970, de 20 de agosto].

- **Aplicación en regímenes anteriores:** si no se cumplen los requisitos en el régimen de alta, se aplicará la misma fórmula en los regímenes anteriores en los que el trabajador haya estado dado de alta.

  «b) Cuando el trabajador no reuniese tales requisitos en el régimen a que se refiere el apartado anterior, causará derecho a la pensión en el que se hubiese cotizado anteriormente siempre que en el mismo reúna los requisitos a que se refiere el apartado a). Igual norma se aplicará, en su caso, respecto de los restantes regímenes» [art. 35.2.b) Decreto 2530/1970, de 20 de agosto].

- **Mayor número de cotizaciones:** en caso de que en ninguno de los regímenes se acrediten los requisitos necesarios, se resolverá a favor del régimen en el que el interesado acredite el mayor número de cotizaciones, previa totalización de todas las cotizaciones acreditadas.

  «c) Cuando el trabajador no hubiese reunido en ninguno de los regímenes, computadas separadamente las cotizaciones a ellos efectuadas, los períodos de carencia precisos para causar derecho a la pensión, podrán sumarse a tal efecto las cotizaciones efectuadas a todos. En tal caso, la pensión se otorgará por el régimen en que tenga acreditado mayor número de cotizaciones».

- **Requisito de edad:** si el trabajador no cumple con el requisito de edad en el régimen con mayor número de cotizaciones, podrá reconocerse la pensión por dicho régimen siempre que cumpla el requisito de edad en alguno de los demás regímenes considerados para la totalización de periodos de cotización, además del resto de requisitos exigibles. (Pensionistas y Pensiones Nacionales. Jubilación. TGSS).

Necesidad de estar al corriente de pago

Sentado lo anterior, procede abordar el art. 47.1 de la Ley General de la Seguridad Social que dispone: «En el caso de trabajadores que sean responsables del ingreso de cotizaciones, para el reconocimiento de las correspondientes prestaciones económicas de la Seguridad Social será necesario que el causante se encuentre al corriente en el pago de las cotizaciones de la Seguridad Social, aunque la correspondiente prestación sea reconocida, como consecuencia del cómputo recíproco de cotizaciones, en un régimen de trabajadores por cuenta ajena». «A tales efectos, será de aplicación el mecanismo de invitación al pago previsto en el artículo 28.2 del Decreto 2530/1970, de 20 de agosto, por el que se regula el Régimen Especial de la Seguridad Social de los trabajadores por cuenta propia o autónomos, cualquiera que sea el Régimen de Seguridad Social en que el interesado estuviese incorporado, en el momento de acceder a la prestación o en el que se cause ésta».

RESOLUCIÓN RELEVANTE

STSJ Galicia n.° 6477/2016, de 22 de noviembre de 2016, ECLI:ES:TSJGAL:2016:8473

Cuando para alcanzar la carencia específica para el lucro de la prestación fuera necesario acudir al cómputo reciproco de cotizaciones debiendo computar las acaecidas en el RGSS y las habidas en el RETA, será necesario estar al corriente de pago.

JURISPRUDENCIA

STS, rec. 2088/2010, de 26 de julio de 2011, ECLI:ES:TS:2011:6121

«"(...) puede observarse que esta disposición en primer lugar se limita a reiterar la obligación que tienen los trabajadores por cuenta propia, autónomos responsables del pago de las cotizaciones a la Seguridad Social, de estar al corriente en el pago de las cotizaciones a su cargo para causar las prestaciones del sistema, como requiere el artículo 28-2 del Decreto 2530/1970, de 20 de agosto. Seguidamente, insiste que esa obligación es exigible, no sólo para causar las prestaciones por el régimen especial de los trabajadores autónomos, sino, también, cuando la prestación se causa por un régimen de la Seguridad Social de trabajadores por cuenta ajena, siempre que se computen las cotizaciones del RETA, cual muestra el que diga que esa obligación subsiste «aunque la correspondiente prestación sea reconocida, como consecuencia del cómputo recíproco de cotizaciones (...)", con lo que viene a reconocer que el requisito de estar al corriente no es exigible al trabajador autónomo que causa la prestación en el régimen general y no precisa el cómputo de las prestaciones que realizó al régimen de trabajadores autónomos para generar ese derecho, máxime cuando en la fecha del hecho causante se encontraba de alta en el régimen general, en el que reunía todos los requisitos exigidos para causarla, cual ocurre en el caso que nos ocupa».

STS, rec. 2270/2017, de 13 de noviembre de 2019, ECLI:ES:TS:2019:3736

El TS interpreta el art. 49 de la LGSS en relación al cómputo de cotizaciones para incrementar la cuantía de la base reguladora en caso de pluriactividad: la acumulación de bases sólo procede cuando no se cause o pueda causarse pensión en un régimen, pero no cuando tal circunstancia constituya una posibilidad futura al seguir el sujeto en alta y cotizando en el régimen cuyas cotizaciones pretende acumular.

¿Puede el autónomo lucrar dos pensiones de jubilación?

De cumplir los requisitos exigidos por separado en cada régimen se tendrá derecho a dos pensiones.

- En el momento de la jubilación será necesario estar de en situación de alta o asimilada en alguno de los regímenes. En caso contrario, será necesario que las cotizaciones acreditadas en cada uno de ellos se superpongan, al menos, durante 15 años.

- En el momento de la jubilación será necesario estar de en situación de alta o asimilada en alguno de los regímenes. En caso contrario, será necesario que las cotizaciones acreditadas en cada uno de ellos se superpongan, al menos, durante 15 años.

¿El cómputo recíproco puede aplicarse en un régimen de la Seguridad Social una vez se jubile el autónomo en otro a efectos de revisar o reconocer el derecho a dicha pensión?

Producido el hecho causante de una pensión respecto de un determinado régimen, en ningún caso dicho régimen tomará en consideración, a efectos de revisar o reconocer el derecho a dicha pensión, las cotizaciones que pudiera acreditar el interesado con posterioridad a la fecha de aquel hecho causante y que correspondieran a actividades que dieran lugar a la inclusión o mantenimiento del mismo en otro régimen distinto (art. 4.4 del Real Decreto 691/1991, de 12 de abril).

4.
CONTINUIDAD DE LA ACTIVIDAD TRAS LA JUBILACIÓN: ¿ES POSIBLE COBRAR LA JUBILACIÓN DE AUTÓNOMOS Y SEGUIR TRABAJANDO?

4.1. Jubilación del autónomo y compatibilidad de la pensión con la actividad

El art. 214 de la LGSS (pensión de jubilación y envejecimiento activo) no regula de forma independiente una «jubilación activa», sino que contiene una norma sobre compatibilidad de la pensión de jubilación con el trabajo (STSJ de Madrid, rec. 95/2024, de 10 de abril del 2024, ECLI:ES:TSJM:2024:4144), la cual constituye una especialidad respecto de las normas de incompatibilidad del art. 213 de la LGSS. De esta forma, como veremos, nuestro ordenamiento jurídico permite la compatibilidad plena de la pensión de jubilación activa (en la cuantía del 100 %) con el trabajo de cumplirse dos requisitos por parte del autónomo: realizar la actividad por cuenta propia y tener contratado, al menos, a un trabajador por cuenta ajena.

¿Qué supone la jubilación activa en las personas trabajadoras autónomas?

Cuando un autónomo accede a la jubilación activa puede compatibilizar el 50 % de la pensión de jubilación reconocida inicialmente con el mantenimiento de la actividad que realiza. Si se trata de un autónomo persona física, y acredita tener contratado al menos a un trabajador por cuenta ajena, el interesado podrá cobrar el 100 % de su pensión.

Requisitos para la compatibilidad de la pensión de jubilación y el trabajo por cuenta propia

El disfrute de la pensión de jubilación del trabajador autónomo, en su modalidad contributiva, **será compatible con la realización de cualquier trabajo por cuenta propia (o ajena) del pensionista, sujeta a los siguientes extremos** (art. 214 de la LGSS):

a) Estar al corriente de pago de las cuotas de la Seguridad Social y en situación de alta en el Régimen Especial de Trabajadores Autónomos (RETA).

b) El acceso a la pensión deberá haber tenido lugar **al menos un año después de haber cumplido la edad que en cada caso resulte de aplicación** [art. 205.1.a) de la LGSS], sin que, a tales efectos, sean admisibles jubilaciones acogidas a bonificaciones o anticipaciones de la edad de jubilación que pudieran ser de aplicación al interesado.

c) El porcentaje aplicable a la respectiva base reguladora a efectos de determinar la cuantía de la pensión causada ha de alcanzar el **100 por ciento.** (STS n.º 688/2024, de 9 de mayo del 2024, ECLI:ES:TS:2024:2634).

d) El trabajo compatible podrá realizarse por cuenta ajena, a tiempo completo o a tiempo parcial, **o por cuenta propia.**

e) El pensionista **no tendrá derecho a los complementos para pensiones inferiores a la mínima** durante el tiempo en el que compatibilice la pensión con el trabajo.

f) El beneficiario tendrá la **consideración de pensionista a todos los efectos.**

g) **Tener contratado al menos a un trabajador (si se quiere cobrar el 100 % de la pensión).** En caso de no cumplir este requisito se cobrará sólo el 50 %.

No se concederá la compatibilidad en caso de jubilaciones acogidas a bonificaciones o anticipaciones de la edad de jubilación que pudieran ser de aplicación al interesado.

La pensión de un autónomo —con al menos un trabajador contratado— se revalorizará en su integridad en los términos establecidos para las pensiones del sistema de la Seguridad Social.

¿Cómo solicitar la jubilación activa del autónomo?

Puede solicitarse a través de la Seguridad Social, ya sea por internet, teléfono o en persona en cualquier sede. Existe un modelo oficial en el que deben cumplimentarse los datos personales, fiscales y de cotización.

Mediante la correspondiente resolución la TGSS comunicará la cuantía de la pensión y la fecha de efectos.

Cuantía de la pensión de jubilación por cuenta propia compatible con el trabajo

Tipo de autónomo	Porcentaje de la pensión
Autónomo persona física	– Sin contratación de una persona trabajadora: 50 % de la base reguladora. – Con contratación de una persona trabajadora: 100 % de la base reguladora.
Autónomo societario	– 50 % de la base reguladora.

Con carácter general la cuantía de la pensión de jubilación contributiva compatible con el trabajo será equivalente al 50 por ciento del importe resultante en el reconocimiento inicial. En este caso, en tanto se mantenga el trabajo compatible, el importe de la pensión más las revalorizaciones acumuladas se reducirá en un **50 por ciento**.

No obstante, **si la actividad se realiza por cuenta propia y se acredita tener contratado, al menos, a un trabajador por cuenta ajena**, la cuantía de la pensión compatible con el trabajo alcanzará al **100 por ciento**.

A TENER EN CUENTA. Debemos aclarar que, tras la reforma operada en el art. 214 de la LGSS, desde el 1 de enero de 2022, no se encuentra vigente lo que estaba previsto en el apartado 6 del citado artículo en su versión anterior a dicha fecha, relativo al mantenimiento del empleo durante la percepción de la pensión de jubilación compatible con el trabajo.

CUESTIONES

1. ¿Qué diferencias existe sobre la prestación del autónomo a la hora de acceder a la jubilación activa con o sin la contratación de un sustituto?

Si el autónomo se jubila y pretende cobrar el 100 % de la pensión que le corresponde manteniendo su actividad tendrá que contratar a una persona en su negocio. No obstante, si se jubila sin una contratación recibirá el 50 % de la pensión.

2. ¿Los autónomos societarios pueden optar al 100 % de la pensión en la jubilación activa compatibilizándola con el trabajo?

No. La doctrina y jurisprudencia viene entendiendo que los autónomos societarios [arts. 305.2. b), c), e) y l) de la LGSS] no tienen personas contratadas a cargo, por lo que no tienen acceso al 100 % de la pensión compatibilizándola con el trabajo.

3. ¿Los autónomos colaboradores (art. 12.1 de la LGSS) pueden optar al 100 % de la pensión en la jubilación activa compatibilizándola con el trabajo?

No. No tienen personas contratadas a cargo, por lo que no tienen acceso al 100 % de la pensión compatibilizándola con el trabajo.

Duración de la compatibilidad

La compatibilidad del 100 % de la cuantía de la pensión de jubilación con la actividad por cuenta propia, solo procederá durante el periodo en el que concurran simultáneamente los requisitos exigidos en el párrafo segundo del art. 214.2 de la LGSS, es decir, el alta del pensionista en el RETA y la vigencia del contrato por cuenta ajena. En el caso de que ambos requisitos no se mantengan durante todo el mes, se abonará el 100 % de la cuantía de la pensión de jubilación durante el periodo en que concurran ambos, y el 50 % de dicha cuantía cuando solo concurra el trabajo por cuenta propia del pensionista.

CUESTIÓN

¿Qué ocurre si el pensionista trabaja incurriendo en situación de incompatibilidad?

Trabajar en una situación de incompatibilidad con la pensión de jubilación puede llevar a la suspensión del derecho a la pensión, Suspensión de la asistencia sanitaria propia de la condición de pensionista, la obligación de devolver las cantidades indebidamente percibidas y la imposición de sanciones administrativas.

JURISPRUDENCIA

STS n.º 313/2023, de 26 de abril de 2023, ECLI:ES:TS:2023:1794

Se analiza la cuestión de si un trabajador autónomo cuya actividad consiste en el mantenimiento y reparación de vehículos de motor, podría incrementar el porcentaje de su pensión al 100 % como consecuencia de contratar a un empleado de hogar a tiempo parcial. A pesar de la indeterminación de la regla (art. 214.2 de la LGSS), la finalidad de la reforma hace que a la hora de interpretar la norma se tenga en cuenta la interpretación sistemática, la histórica y la finalista en el contexto social en el que la norma debe ser aplicada. Esto quiere decir que la contratación exigida por el precepto en cuestión debe realizarse en la misma actividad por la que el jubilado ha accedido a la condición de pensionista activo. La contratación como empleado de hogar no es un trabajo ligado al desarrollo empresarial del trabajador autónomo, se trata de una contratación ligada a la condición de «titular del hogar familiar».

STS n.º 846/2021, de 23 de julio de 2021, ECLI:ES:TS:2021:3204

Para el TS, la compatibilidad de la pensión de jubilación y la actividad de los autónomos societarios no puede llegar al 100 por 100. A pesar de que el artículo 214.2 de la Ley General de la Seguridad Social no distingue entre autónomo persona física y autónomo societario, cuando la inclusión en el Régimen de Autónomos del jubilado se realice por su condición de consejero, administrador o socio de una entidad con personalidad jurídica propia y distinta a la de autónomo persona física, no se cumplen los requisitos para lucrarse del 100 % de la pensión por compatibilidad plena de jubilación y trabajo.

RESOLUCIONES RELEVANTES

STSJ de Asturias n.º 2974/2018, de 26 de diciembre de 2018, ECLI:ES:TSJAS:2018:3791

Analizando si «la actividad por cuenta propia» a la que alude el art. 214 de la LGSS se refiere al trabajador autónomo, persona física, o también incluye al administrador único, que realiza el contrato en nombre de una sociedad, para el TSJ:

«El requisito exigido solo puede ser acreditado por el pensionista de jubilación que, actuando como persona física, haya quedado incluido en el campo de aplicación del Régimen Especial de Trabajadores Autónomos en virtud del apartado 1º del artículo 305 LGSS. Solo en estos supuestos el trabajador por cuenta ajena es contratado por el trabajador autónomo titular de la pensión de jubilación. El propio argumento de la Juzgadora de instancia así viene a confirmarlo: "Obviamente en

el caso del art. 305.2 b) LGSS, aun siendo el administrador único y socio mayoritario persona física encuadrada en el RETA por razón de dicha condición, y ello con carácter obligatorio legalmente, quien contrata por cuenta ajena es la sociedad limitada que tiene personalidad jurídica propia y separada de la de sus socios o partícipes, haciéndolo representada en dicho acto de contratación por la persona física administradora única de la mercantil, por lo que no cabe exigir en el caso que el administrador único de la mercantil limitada, hoy demandante, con funciones de gerencia y dirección de la mercantil, contrate con tercero por cuenta ajena como persona física o empresario individual, por cuanto su inclusión obligada en el RETA no viene dada por dicha última condición". Según razona, quien contrata es la sociedad, no es, por tanto, el titular de la pensión de jubilación.

La medida no puede ser de aplicación a los pensionistas de jubilación incluidos en el Régimen Especial de Trabajadores Autónomos por su condición de societarios o entidades sin personalidad de conformidad con lo previsto en el artículo 305.2 b), c), d), e) y l) LGSS, ya que en estos supuestos la inclusión en el Régimen Especial viene determinada por su condición de consejero, administrador, socio o comunero de una entidad con personalidad jurídica propia distinta de la de la trabajador autónomo».

STSJ de Galicia, rec. 398/2019, de 28 de mayo de 2019, ECLI:ES:TSJGAL:2019:3350

Analizando el cumplimiento del art. 214.2 de la LGSS, cuando la contratación del trabajador se ha realizado por una sociedad para la cual el autónomo desarrolla un trabajo que daría lugar a su encuadramiento en el RETA por ostentar (art. 305 de la LGSS) el control efectivo de dicha sociedad:

«(...) la reforma acometida en el artículo 214 de la LGSS de 2015 por la Ley 6/2017, de 24 de octubre, ha querido profundizar en la política de envejecimiento activo, pero adhiere a la norma (como antes se ha razonado) una medida de política de empleo, y la interpretación que ofrece el autónomo recurrente de que vale la contratación a través de la sociedad de la cual tiene su control efectivo siempre que se mantenga el nivel de empleo (como efectivamente se hace), no solo es acorde con la letra de la norma, también es la que mejor se ajusta a la finalidad de la política de envejecimiento activo respetando a la vez la finalidad de mantenimiento del nivel de empleo en la empresa; y —en quinto lugar—, porque la intención legislativa de favorecer el envejecimiento activo es de tal determinación (y esto debe ser tomado en consideración a los efectos de atribuir un especial énfasis a la interpretación teleológica de la norma, cuando además esa interpretación casa perfectamente con su literalidad) que (como se deriva de la antes transcrita D. F. 6ª bis de la LGSS, introducida por la Ley 6/2017) la posibilidad de compatibilizar hasta el 100% incluso se pretende extender los demás trabajadores por cuenta propia, lo que supondría permitir esa compatibilidad total a los que no tienen contratados otros trabajadores.

Otra interpretación diferente supone acogerse a un formalismo como es la existencia de una sociedad mercantil interpuesta cuando en la realidad de las cosas si autónomos como el que aquí demanda que ostentan el control efectivo de dicha sociedad mercantil decidieran (precisamente por ostentar ese control efectivo) cesar en la actividad a consecuencia de su jubilación, podrían hacerlo o (menos drásticamente) podrían reducir el nivel de empleo (obviamente, asumiendo en todo caso las consecuencias jurídicas derivadas de los contratos de trabajo que estuviesen en vigor con su plantilla). Cobra sentido, en este contexto, tanto la finalidad de política de empleo de la norma tendente a mantener el empleo en las empresas aún a pesar de la jubilación de quienes de hecho son los empresarios (con independencia de que formalmente lo es la sociedad), como la interpretación que sostiene la mayoría de la Sala».

SJS de Oviedo n.º 358/2018, de 17 de julio de 2018, ECLI:ES:JSO:2018:3695

Se reconoce a un autónomo asturiano el derecho a percibir una pensión de jubilación del 100 % y compatibilizarla con su trabajo como gestor de su propia empresa. Este derecho, reconocido desde la reforma de la ley de septiembre del año pasado (D.F. 5.ª de la Ley 6/2017, de 24 de octubre), no supondría novedad alguna si no se hubiese dado uno de los supuestos que hasta el momento no se ha aclarado normativamente: La contratación de personal por cuenta ajena que origina el derecho a la jubilación activa con el 100 % se realiza, en el caso enjuiciado, por parte de la sociedad, no individual y personalmente por el autónomo.

STSJ de Navarra n.º 100/2019 de 25 de marzo de 2019, ECLI:ES:TSJNA:2019:111

La sala de lo social analiza los **efectos económicos ante el cambio normativo** realizado por la Ley 6/2017, de 24 de octubre. Conforme al artículo 214.2 de la LGSS, los pensionistas de jubilación que en fecha 26 de octubre de 2017 estuvieran compatibilizando el percibo del 50 % del importe de la pensión y la realización de una actividad por cuenta propia, al amparo de la redacción del art. 214.2 de la LGSS anterior a dicha fecha, si acreditan la contratación de un trabajador por cuenta ajena, aunque la entrada en vigor del contrato hubiera tenido lugar antes del 26 de octubre de 2017, podrá incrementarse hasta el 100 % del importe de la pensión compatible con la actividad por cuenta propia, previa solicitud del interesado.

Los efectos de dicho incremento se producirán desde la fecha en que concurrieran todos los requisitos exigidos para esa compatibilidad del 100 por ciento, con una retroactividad máxima de tres meses anteriores a la fecha de la solicitud (art. 53.1 de la LGSS), y nunca antes de 26 de octubre de 2017.

Limitación del SMI

El disfrute de la pensión de jubilación del trabajador autónomo, en su modalidad contributiva, será compatible con la realización de cualquier trabajo por cuenta propia del pensionista, en los términos fijados por el art. 214 de la LGSS, y supone una cotización al RETA únicamente por incapacidad temporal y por contingencias profesionales —cotización especial de solidaridad—.

En la práctica **no hay repercusiones cuando el autónomo bajo esta modalidad de jubilación supera los umbrales del SMI**. No obstante, la mala redacción de la norma, y las posibles dudas interpretativas nacen a raíz del art. 213.4 de la LGSS (que desarrolla las incompatibilidades de la pensión de jubilación y el trabajo):

«4. El percibo de la pensión de jubilación será compatible con la realización de trabajos por cuenta propia cuyos ingresos anuales totales no superen el salario mínimo interprofesional, en cómputo anual. Quienes realicen estas actividades económicas no estarán obligados a cotizar por las prestaciones de la Seguridad Social.

Las actividades especificadas en el párrafo anterior, por las que no se cotice, no generarán nuevos derechos sobre las prestaciones de la Seguridad Social».

El art. 214 de la LGSS, a la hora de regular la jubilación activa, empieza diciendo: «(...) Sin perjuicio de lo establecido en el artículo 213 (...)». Esto podría suponer ciertas dudas sobre si en base a esta regulación (entendida como una posible excepción a la compatibilidad regulada en el art. 214 de la LGSS), se instaura que el percibo de la pensión de jubilación será compatible con la realización de trabajos por cuenta propia cuyos ingresos anuales totales no superen el salario mínimo interprofesional anual.

Como hemos dicho, en la práctica, abundan los ejemplos en donde no se produce la minoración de la prestación por jubilación activa compatible con la actividad cuando se excede el SMI, por lo que, hasta que se dé una aclaración de este aspecto, hemos de entender que **la jubilación activa es compatible con los ingresos anuales que superan el Salario Mínimo Interprofesional y las limitaciones fijadas por el art. 213.4 de la LGSS se refieren a la posibilidad de realizar cualquier actividad económica durante la jubilación, que no implique la necesidad de cotizar al RETA, siempre que no se alcance el reiterado umbral.**

Autónomo societario

El denominado autónomo societario es aquel cuya inclusión en el Régimen Especial de Trabajadores Autónomos se realiza por la aplicación del art. 305 de la LGSS.

La compatibilidad entre el 100 por 100 de la pensión de jubilación y la actividad no puede ser de aplicación a los pensionistas de jubilación incluidos en el Régimen Especial de Trabajadores Autónomos por su condición de societarios o entidades sin personalidad de conformidad con lo previsto en el art. 305.2 b), c), d), e) y l) de la LGSS, ya que **en estos supuestos la inclusión en el Régimen Especial viene determinada por su condición de consejero, administrador, socio o comunero de una entidad con personalidad jurídica propia distinta de la de la trabajador autónomo.** (STS n.º 359/2024, de 23 de febrero del 2024, ECLI:ES:TS:2024:1176 y STS n.º 272/2024, de 13 de febrero del 2024, ECLI:ES:TS:2024:1233).

El citado art. 214.2 de la LGSS no excluye a los trabajadores encuadrados obligatoriamente en el RETA por mor de lo previsto en el art. 305.2.b) del mismo texto legal —sólo excluye de la totalidad del articulado (a los trabajadores que desempeñen un PT o alto cargo en el sector público (art. 214.7.º.2 de la LGSS)—, no obstante, **la posibilidad del cobro del 100 % de la pensión cuando se es autónomo empleador ha de entenderse que se contemplaba** únicamente **para autónomos persona física** y que la compatibilidad entre jubilación activa y pensión aquí analizada solo procede en un 50 % cuando se trata de autónomos societarios.

Para las salas de lo social, «(...) el requisito exigido solo puede ser acreditado por el pensionista de jubilación que, actuando como persona física, haya quedado incluido en el campo de aplicación del Régimen Especial de Trabajadores Autónomos en virtud del apartado 1º del artículo 305 LGSS. Solo en estos supuestos el trabajador por cuenta ajena es contratado por el trabajador autónomo titular de la pensión de jubilación (...). "Obviamente en el caso del art. 305.2 b) LGSS, aun siendo el administrador único y socio mayoritario persona física encuadrada en el RETA por razón de dicha condición, y ello con carácter obligatorio legalmente, quien contrata por cuenta ajena es la sociedad limitada que tiene personalidad jurídica propia y separada de la de sus socios o partícipes, haciéndolo representada en dicho acto de contratación por la persona física administradora única de la mercantil, por lo que no cabe exigir en el caso que el administrador único de la mercantil limitada, hoy demandante, con funciones de gerencia y dirección de la mercantil, contrate con tercero por cuenta ajena como persona física o empresario individual, por cuanto su inclusión obligada en el RETA no viene dada por dicha última condición". Según razona, quien contrata es la sociedad, no es, por tanto, el titular de la pensión de jubilación». (STSJ de Asturias, rec. 2239/2018, de 26 de diciembre de 2018, ECLI:ES:TSJAS:2018:3791).

> **JURISPRUDENCIA**
>
> **STS n.º 155/2024, de 24 de enero del 2024, ECLI:ES:TS:2024:664**
>
> En dichas sentencias hemos concluido que, tanto en el supuesto de los autónomos societarios como en el de los comuneros, lo determinante para denegar el 100 % de la cuantía de la pensión de jubilación activa es que quien contrata al trabajador por cuenta ajena que exige el art. 214.2 párrafo 2º LGSS, no es el autónomo persona física activamente jubilado, sino otro empleador; sea sociedad mercantil o civil, sea comunidad de bienes.

Restablecimiento del percibo de la pensión de jubilación finalizada la actividad compatible con la jubilación del autónomo

Finalizada la actividad por cuenta propia se restablecerá el percibo íntegro de la pensión de jubilación.

Cotización durante la realización de un trabajo por cuenta propia compatible con la jubilación del autónomo: cotización especial de solidaridad

Los autónomos que se encuentran en jubilación activa no pagan las mismas cuotas RETA que si no estuviesen jubilados.

Durante la realización de un trabajo por cuenta propia compatible con la pensión de jubilación contributiva del autónomo, los trabajadores cotizarán a este régimen especial únicamente por incapacidad temporal y por contingencias profesionales, si bien quedarán sujetos a una cotización especial de solidaridad del **9 por ciento** sobre la base por contingencias comunes, no computable a efectos de prestaciones (art. 310.1 de la LGSS).

También estarán sujetos a una cotización de solidaridad del 9 por ciento sobre la base mínima de cotización del tramo 1 de la tabla general (regla 1.ª del art. 308.1 de la LGSS) los pensionistas de jubilación que compatibilicen la pensión con una actividad económica o profesional por cuenta propia estando incluidos en una **mutualidad alternativa** al citado régimen especial (D.A. 18 de la LGSS), la cual no será computable a efectos de prestaciones (art. 310.2 de la LGSS). La cuota correspondiente se deducirá mensualmente del importe de la pensión.

4.2. Jubilación de autónomo manteniendo la titularidad del negocio

La jubilación del autónomo es compatible con mantener la titularidad del negocio si no realiza trabajo personal o directo, solo funciones de dirección no delegables.

Los trabajadores autónomos incluidos en el RETA han ostentado, desde los inicios del sistema de Seguridad Social, una peculiar posición prestacional en lo que a la incompatibilidad entre su pensión de jubilación y el trabajo se refiere. Al contrario de lo que sucedía con el trabajador por cuenta ajena, que se encontró —desde los inicios del sistema de Seguridad Social— imposibilitado para compatibilizar trabajo y retiro (art. 156.1 del Decreto 907/1966, de 21 de abril), los trabajadores por cuenta propia contaron siempre con un régimen particular de incompatibilidad en situación de retiro pensionado, al mostrar el legislador de Seguridad Social cierta (plena de lógica, por otra parte) permisividad con relación a este colectivo, que se ha mantenido (e incrementado) hasta nuestros días, bastando para ello con prestar atención a los arts. 213 y ss. de la LGSS. Así, con la creación del RETA en el año 1970 —mediante Decreto 2530/1970, de 20 de agosto—, aunque los autónomos, en principio, contaban con el mismo régimen de incompatibilidades entre jubilación y trabajo que el establecido para el resto de trabajadores incorporados al Sistema [«El disfrute de la pensión de vejez será incompatible con el trabajo del pensionista, con las salvedades y en los términos que reglamentariamente se determinen» (art. 45.2)], su normativa de desarrollo (OM de 24 de septiembre de 197045) decidió suavizar este aspecto. Así, mientras que por un lado indicaba que «(...) el disfrute de la pensión por vejez será incompatible con todo trabajo del pensionista, por cuenta propia o ajena, que dé lugar a su inclusión en el campo de aplicación de este Régimen Especial, del Régimen General o de alguno de los demás Regímenes Especiales a que se refieren los números 2 y 3 del artículo 10 de la Ley de la Seguridad Social de 21 de abril de 1966» [y ello, habida cuenta que la mera titularidad del negocio no suponía la inclusión en el RETA, ya que el art. 2 del Decreto 2530/1970, de 20 de agosto, por el que se regula el régimen especial de la Seguridad Social de los trabajadores por cuenta propia o autónomos, solo entendía como sujeto encuadrable a aquel autónomo que realizara «de forma habitual, personal y directa una actividad económica a título lucrativo» (art. 2.1)], por otra parte permitía al autónomo conservar su pensión, aunque siguiera siendo titular de su negocio, siempre y cuando se limitase a ejercer la titularidad del mismo.

La finalidad de la norma en su momento parecía clara. El legislador lo que pretendía era evitar el cierre de negocios. Siendo el pequeño empresario individual el colectivo que conformaba el grueso del sistema, la imposibilidad de compatibilizar la pensión de jubilación con el mantenimiento del negocio supondría la clausura del mismo en el momento del acceso de su titular a la pensión de jubilación, con la consiguiente extinción de los contratos de sus trabajadores. De esta manera, lo que se decidió finalmente fue permitir al autónomo conservar el cobro de la pensión de jubilación si se limitaba a mantener la titularidad de su negocio, siempre y cuando se limitase a desempeñar las funciones inherentes a la misma, sin realizar el trabajo que venía desempeñando hasta su retiro. La fórmula utilizada por el legislador de la época fue la siguiente: «El disfrute de la pensión de vejez será compatible con el mero mantenimiento de la titularidad del negocio de que se trate, y con el desempeño de las funciones inherentes a dicha titularidad, siempre que éste no implique una dedicación de carácter profesional» (Art. 93.2).

Esa receta normativa, que causaba grandes problemas interpretativos, fue modificada mediante una Orden Ministerial de 31 de julio de 1976 (y así se ha mantenido hasta el día de hoy) para terminar sigue: «El disfrute de la pensión de vejez será compatible con el mantenimiento de la titularidad del negocio de que se trate y con el desempeño de las funciones inherentes a dicha titularidad». Pese a la modificación legal, la inconcreción de la sencilla fórmula legal sigue planteando el problema de **cómo determinar de manera efectiva cuándo el autónomo jubilado se limita a mantener la titularidad del negocio y el desempeño de funciones inherentes a la misma, en particular; problemas que hoy en día derivan en gran parte del problema de sincronía que hemos anticipado.** Esto implica que la posibilidad de percibir una pensión de jubilación y mantener la titular de un negocio sólo resulta recomendable cuando el titular no realice ningún tipo de trabajo personal o directo en la empresa tras su jubilación.

A pesar de la existencia de la compatibilidad del trabajo por cuenta propia con la jubilación del autónomo, en los términos establecidos por el art. 214 de la LGSS, el percibo de una pensión de jubilación es compatible con el mantenimiento de la titularidad del negocio cuando únicamente se realicen **funciones propias de dirección que no pudiesen ser delegadas.**

En este supuesto, si la persona trabajadora autónoma puede demostrar que no realiza tareas de gestión, administración o dirección ordinaria como titular, los rendimientos derivados de la explotación del negocio serán compatibles con el cobro de la pensión de jubilación.

Como hemos adelantado, esta opción sólo resulta recomendable cuando el titular no realice ningún tipo de trabajo personal o directo en la empresa tras su jubilación, o de no cumplir —en caso de querer optar por un envejecimiento activo— los requisitos del art. 214 de la LGSS, para compatibilizar pensión y trabajo.

CUESTIONES

1. ¿Ante la jubilación del autónomo titular un autónomo colaborador podrá asumir la dirección del negocio?

La posibilidad de que un autónomo colaborador asuma la dirección del negocio en estos supuestos no está regulada. Al no tratarse de un caso de envejecimiento activo (art. 214 de la LGSS) no resulta exigible la necesidad de contratación de un trabajador por cuenta ajena. Si el titular de la actividad causara baja en el RETA por jubilación, pero continuara como titular de la actividad, no debería afectar a la existencia de autónomo familiar colaborador y, por lo tanto, de delegarse la actividad en este no debería existir ningún tipo de incidencia.

2. ¿Mantener la titularidad del negocio es lo mismo que la jubilación activa?

No. Una vez alcanzada la edad de jubilación, los trabajadores por cuenta propia (igual que los mismos por cuenta ajena) pueden compatibilizar actividad y pensión con la percepción del 50 o 100 por 100 de la pensión de jubilación contributiva de cumplir los requisitos. Esto es lo que se ha venido definiendo como jubilación activa del autónomo y permite al autónomo no solo mantener la titularidad del negocio, sino también continuar con la explotación del negocio con normalidad.

El mero mantenimiento de la empresa a efectos de titularidad, por el contrario, no permite la realización de actividad por parte del autónomo.

Esta situación se regula normativamente en:

Artículo 213 de la LGSS. Incompatibilidades

«1. El disfrute de la pensión de jubilación será incompatible con el trabajo del pensionista, con las salvedades y en los términos que legal o reglamentariamente se determinen.

No obstante, lo anterior, las personas que accedan a la jubilación podrán compatibilizar el percibo de la pensión con un trabajo a tiempo parcial en los términos que reglamentariamente se establezcan. Durante dicha situación, se minorará el percibo de la pensión en proporción inversa a la reducción aplicable a la jornada de trabajo del pensionista en relación a la de un trabajador a tiempo completo comparable».

Art. 93 de la Orden de 24 de septiembre de 1970. Incompatibilidad

«1. El disfrute de la pensión de vejez será incompatible con todo trabajo del pensionista, por cuenta propia o ajena, que dé lugar a su inclusión en el campo de aplicación de este Régimen Especial del Régimen General o de alguno de los demás Regímenes Especiales a que se refiere el artículo 10 de la Ley General de la Seguridad Social de 30 de mayo de 1974.

2. El disfrute de la pensión de vejez será compatible con el mantenimiento de la titularidad del negocio de que se trate y con el desempeño de las funciones inherentes a dicha titularidad».

En paralelo, la jurisprudencia del Tribunal Supremo ha reconocido la dificultad de delimitar de manera tajante cuándo el autónomo jubilado se limita a mantener la titularidad del negocio y el desempeño de funciones inherentes a la misma, diferenciando entre el mero ejercicio de funciones inherentes a la titularidad de la empresa y aquellas actividades que suponen la llevanza personal de la explotación del negocio. La Resolución de 13 de agosto de 1999 la Dirección General de Ordenación de la Seguridad Social establece que para limitar las «funciones **inherentes a la titularidad**» ha de acudirse a la **normativa mercantil relativa a la actividad del empresario.**

«¿A qué funciones se refiere entonces el artículo 93.2 de la Orden de 24 de septiembre de 1970, si todas las pretendidas funciones del empresario son inherentes a la titularidad del negocio pero también pueden realizarse por otra persona mediante apoderamiento?»

Entiende al respecto esta Dirección General que el precepto se está refiriendo a los «criterios e instrucciones directas» a que alude el artículo 1.2

del Real Decreto 1382/1985, de 1 de agosto, por lo que solo sería posible realizar aquellas actividades que no pudiese realizar un tercero mediante apoderamiento y que, además, no sean constitutivas de un auténtico trabajo que dé lugar al alta en el RETA».

RESOLUCIÓN RELEVANTE

STSJ de Madrid n.º 402/2024, de 24 de abril del 2024, ECLI:ES:TSJM:2024:4994

Se llega a la conclusión de que las «(...) funciones inherentes a la titularidad del negocio de que se trate", a que se refiere el artículo 93.2 de la Orden de 24 de septiembre de 1970,"comprenden exclusivamente dictar instrucciones directas y criterios de actuación a las personas que tienen encomendada la gestión y administración de la empresa, así como los actos de disposición que no sean necesarios para efectuar aquélla. Además, cuando ese titular se asimile a un administrador con control sobre la sociedad en los términos de la disposición adicional vigesimoséptima de la Ley General de la Seguridad Social, las funciones inherentes a la titularidad incluirán también aquellas actividades que por Ley no pueden encomendarse a personas ajenas al órgano de administración". Fuera de lo anterior, es decir, todo lo que suponga gestión, administración y dirección ordinaria de la empresa "debe reputarse actividad incompatible actividad incompatible con la pensión de jubilación del RETA, tanto para el empresario individual como para el empresario de hecho, de una sociedad mercantil capitalista"».

STSJ de Galicia n.º 4503/2021, de 16 de noviembre, ECLI:ES:TSJGAL:2021:5025

Se permite cobrar la pensión de jubilación y mantener la titularidad de la empresa. «Aunque la inclusión en el RETA (ya sea de oficio o por parte del propio autónomo) presupone que se ejerce de forma habitual, personal y directa una actividad económica a título lucrativo, sin sujeción por ella a contrato de trabajo, y aunque utilice el servicio remunerado de otras personas, siempre cabrá la acreditación de que concurra la excepción, cuya prueba incumbe al autónomo, consistente en que se ostente la mera titularidad del negocio».

Para la Sala de lo Social es necesario distinguir «entre el ejercicio de funciones inherentes a la titularidad del negocio, entre las que se encuentran las de índole administrativo, de relación con organismos oficiales, ayuntamientos, tributarias, etc., en las que el jubilado sigue siendo dueño del negocio y, como tal, paga impuestos, firma contratos, ostenta la representación de la empresa, etc., de aquellas otras actividades que suponen llevar personalmente la explotación del negocio, con presencia física en él a lo largo de la jornada, trabajo de despacho, de oficina o de otro tipo, de manera que solo se produce la incompatibilidad con el cobro de la pensión en el segundo caso».

CUESTIONES

1. ¿Qué sucede si la TGSS considera que la pensión de jubilación no es compatible con las funciones que está realizando el autónomo?

La pensión de jubilación se suspendería. Las «funciones inherentes a la titularidad» deben ser definidas según la normativa mercantil relativa a la actividad del empresario. La propia TGSS ha aclarado:

«En principio, el titular del negocio puede realizar cualquier función conveniente o necesaria para la consecución de sus fines, si bien lo habitual es que utilice el concurso de otras personas, bien porque no pueda, bien porque no quiera actuar

personalmente, pues la titularidad de un negocio o empresa no exige del empresario desarrollar una actividad empresarial directa y personalmente, sino que basta con que esta se realice en su nombre, es decir, de tal forma que se le atribuyen las relaciones jurídicas con terceros que se generen y todos los derechos y obligaciones que se produzcan, asumiendo el titular el riesgo y ventura del negocio.

Todo lo que suponga gestión, administración y dirección ordinaria de la empresa debe reputarse actividad incompatible con la pensión de jubilación del RETA tanto para el empresario individual como para el empresario de hecho de una sociedad mercantil capitalista, pues dará lugar al alta en el sistema de la Seguridad Social pudiéndose citar, a título de ejemplo, la firma de contratos en general, de convenios colectivos, representación en juicios y fuera de él de la empresa, firma de avales (...)».

2. ¿Cómo debe actuar el autónomo para demostrar que meramente ostenta la titularidad del negocio?

Debe demostrar que ha delegado en una o más personas la titularidad del negocio. Dado que la norma no establece cómo, sería suficiente con otorgar poderes para la gestión del negocio, pudiendo reservarse al empresario jubilado ciertos criterios de actuación o toma de decisiones.

3. La jubilación flexible, ¿es compatible con la titularidad del negocio?

Se considera como situación de jubilación flexible la derivada de la posibilidad de compatibilizar, una vez causada, la pensión de jubilación con un trabajo a tiempo parcial, dentro de los límites de jornada a que se refiere el art. 12.6 del ET. Es decir, nuestro ordenamiento jurídico permite que las personas jubiladas puedan compatibilizar su pensión de jubilación con un trabajo a tiempo parcial. Durante dicha situación, se minorará el percibo de la pensión en proporción inversa a la reducción aplicable a la jornada de trabajo del pensionista en relación a la de un trabajador a tiempo completo comparable (art. 213.1 de la LGS). Este aspecto no se ha desarrollado reglamentariamente para el caso de un jubilado autónomo.

La normativa relativa a la incompatibilidad entre pensión y trabajo, además de compleja y dispersa, no se ha adaptado a las nuevas realidades societarias, ni se encuentra en plena concordancia entre sí. El art. 5 del Real Decreto 1132/2002 establece que la jubilación flexible permite compatibilizar la pensión de jubilación con un trabajo a tiempo parcial, dentro de los límites de jornada establecidos en el art. 12.6 del Estatuto de los Trabajadores por lo que podríamos entender que un autónomo jubilado podría ser contratado a tiempo parcial y mantener parte de su pensión siempre que el rendimiento neto no supere el salario mínimo interprofesional anual. Fuera de estos supuestos, con carácter general, la percepción de la pensión de jubilación es incompatible con actividades que den lugar a la inclusión en cualquier Régimen de la Seguridad Social.

4.3. Jubilación del autónomo y ejercicio de la actividad como profesional colegiado

El ejercicio de la actividad desarrollada por cuenta propia por los profesionales colegiados en alta en una mutualidad alternativa o exentos de causar alta en el RETA es compatible con la jubilación activa.

El régimen de incompatibilidad entre pensión de jubilación y trabajo ha venido rigiendo desde un principio en nuestro ordenamiento jurídico y en la actualidad se recoge en el art. 213.1 de la LGSS, en el que se determina que **el disfrute de la pensión de jubilación, en su modalidad contributiva, será incompatible con el trabajo del pensionista, con las salvedades y en los términos que legal o reglamentariamente se determinen** (en este caso Orden TIN/1362/2011 de 23 de mayo).

En paralelo, el art. 214 de la LGSS, incorpora la figura de la jubilación activa, estableciendo la compatibilidad de cualquier trabajo (por cuenta ajena o por cuenta propia) del pensionista.

El desarrollo reglamentario de la posibilidad de compatibilizar jubilación con un trabajo que permite la opción de afiliación a la mutualidad de un colegio profesional se encuentra en la **Orden de 18 de enero de 1967 por la que se establecen normas para la aplicación y desarrollo de la prestación de Vejez en el Régimen General de la Seguridad Social.** El art. 16 de esta norma prevé:

> «El disfrute de la pensión de vejez **será incompatible** con todo trabajo del pensionista, por cuenta ajena o propia, que dé lugar a su inclusión en el campo de aplicación del Régimen General de alguno de los Regímenes Especiales de la Seguridad Social, previstos en los números 2 y 3 del artículo 10 de la Ley de la Seguridad Social».

Dicha incompatibilidad, conforme se precisa a continuación en el propio artículo, no impide que pueda desarrollarse el trabajo en cuestión, si bien mediando la previa solicitud del interesado, cuya ausencia puede implicar incurrir en responsabilidad y dar ocasión al reintegro del importe de pensión indebidamente percibido y a la imposición de la correspondiente sanción administrativa, y con los efectos que se detallan en el repetido artículo, entre ellos el de la suspensión del derecho a la pensión reconocida. Esta regulación viene a ser coincidente con la aplicable en los restantes regímenes especiales, en cuya normativa o bien se efectúa una remisión a lo establecido para el Régimen General o bien se procede a establecer un régimen jurídico semejante al previsto en aquella.

La aplicación en la práctica de esta normativa vino a suscitar ciertas dudas en relación con quienes, habiendo accedido al derecho a la pensión de jubilación en el Régimen General de la Seguridad Social, pretendían compatibilizar la percepción de tal pensión con el ejercicio de una profesión liberal, sin causar alta en el Régimen especial de la Seguridad Social de los trabajadores por cuenta propia o autónomos (RETA) por haber optado por una mutualidad de previsión social, al amparo de lo establecido en la derogada D.A. 15ª de la Ley 30/1995, de 8 de noviembre, de Ordenación y Supervisión de los Seguros Privados.

No obstante, el vigente art. 310 de la LGSS, ha incluido al colectivo analizado («pensionistas de jubilación que compatibilicen la pensión con una actividad económica o profesional por cuenta propia estando incluidos en una mutualidad alternativa al citado régimen especial») sujeto a la **cotización de solidaridad** sobre la base mínima de cotización del tramo 1 de la tabla general (art. 308.1 de la LGSS). Esta cotización, matiza la norma, «(…) no será computable a efectos de prestaciones» y «(…) se deducirá mensualmente del importe de la pensión».

En definitiva, no existe base normativa para declarar la incompatibilidad entre la pensión de jubilación y las actividades por cuenta propia de los profesionales no integrados en el RETA, rige la compatibilidad entre la pensión y la realización de actividades por cuenta propia siempre que el trabajo de lugar al alta en una mutualidad alternativa o esté exento de alta en el RETA.

CUESTIONES

1. ¿Qué mutualidades alternativas permiten la compatibilidad entre la pensión de jubilación del régimen general y las actividades por cuenta propia de los profesionales integrados en ellas?

Entre otras:

- Mutualidad General de Abogacía.
- Mutualidad de los profesionales de la Arquitectura Técnica (PREMAAT).
- Mutualidad General de Previsión Social de los Químicos Españoles.
- Mutualidad General de Previsión Social de los Procuradores de los Tribunales de España.
- Mutualidad Nacional de Previsión Social de Arquitectos Superiores.
- Mutualidad de Previsión Social de Peritos e Ingenieros Técnicos Industriales (MUPITI).
- Asociación Mutualista de Ingeniería Civil (AMIC).
- Otras existentes para determinados ámbitos territoriales.

2. La pensión de jubilación en el RETA, ¿es compatible con alguna prestación complementaria de la mutualidad alternativa?

Sí. Las prestaciones reconocidas por las mutualidades no tienen naturaleza de pensiones públicas y, por lo tanto, no existe compatibilidad o aplicación de topes máximos.

3. ¿Las primas aportadas a cualquier mutualidad alternativa a lo largo de la carrera profesiones, ¿producen efectos sobre la pensión de jubilación que pudiese reconocer la Seguridad Social en base a la cotización al RETA?

No.

JURISPRUDENCIA

STS, rec. 3411/2009, de 9 de marzo de 2011, ECLI:ES:TS:2011:962

Se analiza la delimitación para la actuación de determinadas Mutualidades de Previsión Social.

RESOLUCIONES RELEVANTES

SJSO Snt. Cruz de Tenerife n.º 189/2023, de 7 de septiembre de 2023, ECLI:ES:JSO:2023:4521

Se reconoce el derecho a la jubilación activa de una procuradora de 74 años. La sentencia revoca las resoluciones del INSS que denegaban la pensión por no alcanzar el porcentaje aplicable a la base reguladora. La sentencia aplica analógicamente la normativa de notarios y corredores de comercio, considerando las aportaciones a las mutualidades de la actora como cotizaciones al RETA, y reconociendo su situación de alta/asimilada al alta desde su colegiación. Se destaca la vulneración del artículo 14 de la Constitución Española por discriminación entre profesionales jurídicos y se apela a la dignidad de la persona y al derecho a una pensión adecuada conforme a la Constitución y tratados internacionales.

«(...) de un tiempo a la fecha, se han alzado voces manifestando que a pesar de estar estos profesionales toda una vida trabajando y aportando a las mutuas, año tras año, y cuota tras cuota, llegada la edad de jubilación, le es imposible dejar de trabajar porque las pensiones que les ofrecen las mutuas son ínfimas, no entendiendo cómo es posible que tales importes no les permitan tener ni siquiera, una vida digna, llegada a una edad que ya necesitan descansar y jubilarse. Ello no ha pasado desapercibido dentro de ese malestar en el ámbito de dichos profesionales, surgiendo hasta las dudas de si esas cantidades tan bajas de las pensiones se deben a una posible estructura piramidal o multinivel de las mutualidades y al descender el número de mutualistas en su base y por tanto de las aportaciones, también han descendido las pensiones de jubilación que les corresponde a los letrados/procuradores que se van a jubilar».

STSJ de Murcia n.º 342/2015, 4 de mayo de 2015, ECLI:ES:TSJMU:2015:1022

Régimen de incompatibilidad entre el percibo de la pensión de jubilación y el ejercicio de actividad privada por los médicos. El actor estaba obligado a optar entre causar alta en el RETA o a integrase en una Mutualidad alternativa a partir del 1/1/2010, aunque viniera desarrollando una actividad como médico en su consulta privada antes del año 1995, por lo que el alta en el RETA solicitada por el mismo es plenamente valida y ajustada a derecho. El actor incurre en el régimen de incompatibilidad con el percibo de la pensión de jubilación a partir de la fecha en que opto por darse de alta en el RETA.

SAN, rec. 295/2011, 6 de junio de 2012 y STS, rec. 1857/2014, de 2 de marzo de 2016, ECLI:ES:TS:2016:856

Incompatibilidad de la percepción de la pensión de jubilación del sistema de la seguridad social (reta) con la actividad desarrollada por cuenta propia por los profesionales colegiado. Se impugna la Orden TIN/1362/2011, de 23 mayo, sobre régimen de incompatibilidad de la percepción de la pensión de jubilación del sistema de la Seguridad Social con la actividad desarrollada por cuenta propia por los profesionales colegiados. El TS establece que la Orden no vulnera ninguna norma de rango superior, sino que es coherente con el régimen general de incompatibilidad entre la percepción de una pensión de jubilación y el desarrollo de una actividad por cuenta propia que de por sí implica la inclusión en el ámbito de aplicación del RETA, aún cuando el profesional colegiado hubiera optado por incorporarse a una Mutualidad como forma alternativa de cumplir la obligación de causar alta en la Seguridad Social. Nulidad improcedente. Desestimación del recurso.

5.
CIERRE DEL NEGOCIO POR JUBILACIÓN: ¿QUÉ PASA SI EL AUTÓNOMO SE JUBILA Y CIERRA LA EMPRESA?

La diferencia entre el autónomo societario y el que ejerce su actividad actuando como persona física, denominado «autónomo clásico» por el preámbulo de la LETA, afecta a su responsabilidad patrimonial. Estos últimos responden de sus deudas, incluidas las salariales con los trabajadores contratados y las cotizaciones a la Seguridad Social, con todos sus bienes presentes y futuros (art. 1911 del Código Civil), asumiendo personalmente el riesgo y ventura de la actividad empresarial. La prolongación de la vida activa supone asumir un riesgo empresarial personal que justifica que, si tiene contratado al menos a un trabajador, disfrute de una compatibilidad plena de la pensión de jubilación y de sus ingresos como autónomo.

Por el contrario, el citado consejero o administrador de una sociedad mercantil se beneficia de la limitación de la responsabilidad societaria, que en principio no afecta a su patrimonio personal, sin que él suscriba contrato alguno con ningún trabajador (en todo caso, lo suscribe representando a la empresa), ni responda de las deudas salariales, ni de las cotizaciones a la Seguridad Social derivadas del alta en la Seguridad Social del trabajador contratado por la mercantil. Si quiere disfrutar de la compatibilidad plena entre pensión e ingresos, deberá desarrollar una actividad por cuenta propia actuando como persona física y no a través de una sociedad mercantil.

Las distintas reformas normativas han pretendido la continuidad de la actividad tras la jubilación por parte del trabajador autónomo con el fin de favorecer la conservación del nivel de empleo, es decir, que no se destruya empleo por el mero hecho de jubilarse el empleador. Debemos distinguir:

Cese de la actividad en caso de autónomo persona física

La jubilación del empresario que tiene la condición de persona física es causa de extinción de los contratos de sus trabajadores con una indemnización extintiva de solamente un mes de salario [art. 49.1.g) del ET].

Para evitar que la jubilación de los empleadores que tienen la condición de personas físicas cause la extinción de los contratos de sus trabajadores, el art. 214.2, párrafo 2.º de la LGSS prevé excepcionalmente que se puedan jubilar y percibir al mismo tiempo la pensión de jubilación íntegra.

Cese de la actividad en caso de autónomo persona jurídica

Cuando el empleador tenga la condición de persona jurídica, la extinción de su personalidad jurídica es ajena a la jubilación de sus consejeros y administradores sociales, articulándose mediante un despido colectivo u objetivo con la indemnización extintiva del art. 53.1.b) del ET. Es decir, la jubilación de un autónomo societario, miembro del consejo de administración de la mercantil, por ejemplo, en nada afecta a los trabajadores de la empresa, cuyos vínculos laborales se concertaron con una persona jurídica.

Respecto del segundo requisito exigido por el art. 214.2, párrafo 2.º de la LGSS (tener contratado, al menos, a un trabajador por cuenta ajena) si la empresa es una sociedad mercantil, el empleador es la persona jurídica y no sus consejeros o administradores. La sociedad tiene una personalidad jurídica diferenciada con responsabilidad limitada. A título ejemplificativo y argumentativo, un administrador social de una sociedad limitada que es titular del 25 % de las participaciones sociales está de alta en el RETA por aplicación del art. 305.2.b) de la LGSS. Pero ello no significa que haya contratado personalmente a los trabajadores de la sociedad limitada, ni que responda con su patrimonio personal de las deudas salariales, ni que asuma personalmente del riesgo y ventura de la actividad.

5.1. Cese de la actividad en caso de autónomo persona física

La extinción del contrato de trabajo por jubilación del empresario individual se producirá **siempre y cuando nadie continúe desarrollando la actividad empresarial**. Los trabajadores afectados por esta extinción tendrán **derecho a la prestación por desempleo y a una indemnización por importe de un mes de salario** [art. 49.1.g) del ET].

Como especificaciones para esta extinción encontramos:

a) **La norma está prevista exclusivamente para su aplicación al caso de empresario o empleador individual.** En el supuesto de empresario persona jurídica se trataría de un supuesto de extinción de la personalidad jurídica del contratante.

b) **Se exige no solo la jubilación, sino que la misma suponga además el cese efectivo de la actividad empresarial.** Para la efectiva extinción de la relación laboral por estas causas se debe añadir el hecho de que se dé una cesación de la actividad empresarial sin que opere el mecanismo de la **subrogación empresarial**.

No opera el art. 49.1.g) del ET, y no pueden ser válidamente extinguidos los contratos de trabajo si el negocio continúa después de la jubilación, bien sea por haber sido transmitido a otra persona o entidad, o por nombrar el jubilado, conservando la propiedad del negocio un gerente o encargado que lo dirija o explote, o por seguir llevando él la dirección de la empresa, ya que el precepto establece «sin perjuicio de lo dispuesto en el art. 44 Estatuto de los Trabajadores».

Todo lo anterior supondría que, si se efectúa la transmisión de la empresa de acuerdo con el art. 44 del ET, los contratos de trabajo perviven y lo mismo sucede cuando la empresa continúa después de la jubilación, sin necesidad de que se haya transmitido a otro empresario. Establece la jurisprudencia que la razón esencial de esta extinción de las relaciones laborales no se centra tanto en la concurrencia de la jubilación del empresario individual, como en el hecho de que ésta haya determinado la desaparición o cese de la actividad empresarial. Se produce así un doble encadenamiento causal: la jubilación del empresario ocasiona el cierre de la explotación, y este cierre, provocado por aquella causa, justifica la extinción de los contratos de trabajo. (STSJ de las Is. Canarias, rec. 1332/2010, de 26 de julio de 2011, ECLI:ES:TSJICAN:2011:2348).

c) **Como requisito formal se impone la necesidad de comunicación escrita a las personas trabajadores,** indicando el motivo de la extinción y el derecho a indemnización con un mes de salario. La normativa no establece ni procedimiento ni forma para la extinción de los contratos de trabajo por muerte, jubilación o incapacidad del empresario. No obstante, el procedimiento extintivo debe comenzar por una decisión empresarial de no continuar con la actividad productiva, y seguidamente, en virtud del principio de buena fe que debe regir la relación laboral, una vez tomada dicha decisión, el empresario o su representante deben comunicar a los trabajadores afectados la decisión extintiva. Así, para llevar a cabo la extinción de los contratos por este motivo es suficiente y, a su vez, es requisito necesario, la manifestación de la voluntad de los herederos (en el caso de fallecimiento del empresario) o del empresario (en el caso de jubilación o de incapacidad) de no proseguir ejerciendo actividad productiva (SSTS, Sala de lo Social, de 28-6-84; 10-11-86; 17-6-88; 24-10-88 y 18-12-90).

d) **No es necesaria simultaneidad entre jubilación, cese de actividad y extinción,** concediéndose un «plazo prudencial» dependiendo de las circunstancias concurrentes en cada caso, no pudiéndose fijar reglas generales aplicables a todos los supuestos (STS, rec. 2906/1998, de 25 de abril de 2000, ECLI:ES:TS:2000:3460 y STS, rec. 978/2015, de 20 de octubre de 2016, ECLI:ES:TS:2016:5062). La finalidad de este plazo en los supuestos de jubilación es, fundamentalmente, el facilitar la liquidación y cierre del negocio o incluso su posible transmisión

Los Tribunales han estudiado el caso de un trabajador que recibió carta de su empresario según la cual se procedía a extinguir su contrato por jubilación del mismo. Este se había jubilado en el Régimen de Autónomos siete años antes. El TSJ de Extremadura calificó el despido improcedente al considerar cualquier clase de «plazo prudencial» superado. Para la existencia de relación de causalidad entre jubilación y extinción del contrato ha de existir relación de causalidad entre aquélla y ésta. (STSJ de Extremadura, rec. 542/2000, de 27 de octubre de 2000, ECLI:ES:TSJEXT:2000:2165).

Cuando entre la jubilación del empresario y la desaparición de la empresa y los ceses de los trabajadores transcurran varios años, difícilmente puede sostenerse que existe entre ellos la necesaria relación de causalidad. Las extinciones dichas podrán ser debidas a cualquier causa, pero no a aquella jubilación acontecida mucho tiempo atrás. Se trataría, por tanto, no de una causa, sino de un mero pretexto o subterfugio.

e) **En relación a la exigencia de jubilación en la Seguridad Social o en otros regímenes.** La exigencia normativa sólo permite la extinción de la relación laboral con las consecuencias del 49.1 g) del ET, en el supuesto de jubilación «en los casos previstos en el régimen correspondiente de la Seguridad Social».

Analizando en qué momento la jubilación por la Mutualidad de la Abogacía permite la extinción del contrato por jubilación de empresario, al amparo del art. 49.1.g) del Estatuto de los Trabajadores, la STS, rec. 3883/2015, de 21 de junio de 2017, ECLI:ES:TS:2017:2685, establece que el momento en el que ha entenderse producida la causa extintiva de los contratos, con abono de un mes salarial de indemnización, no es el rescate parcial del fondo acumulado en la mutualidad de la abogacía al cumplir los 65 años, ni siquiera la posterior baja en la misma, sino **cuando se cursa la baja en la actividad ante hacienda y en el colegio de abogados como ejerciente**, y se inicia la liquidación del despacho.

f) **Posible jubilación anticipada del empresario.** Este aspecto no ha sido aclarado jurisprudencialmente por lo que debemos entender la necesidad de tener la **edad mínima fijada en la Ley para acceder a la jubilación** [art. 205.1.a) de la LGSS] como requisito para la extinción con las consecuencias del art. 49.1.g) del ET.

g) **En caso de que el trabajador esté en desacuerdo con la comunicación de la extinción,** por considerar que no hay cese de la actividad, puede ejercitar la acción de despido dentro del plazo de caducidad de 20 días, computados no desde el momento en el que se extingue la relación laboral, ni tampoco cuando se produce la sucesión empresarial alegada, sino desde el momento en el que el trabajador tuvo conocimiento de la existencia de la sucesión y no antes. Es lo que se conoce como una especie de resurrección de la acción de despido, doctrina conocida como «efecto Lázaro» (STSJ de Cantabria n.º 144/2017, de 22 de febrero, ECLI:ES:TSJCANT:2017:180).

CUESTIÓN

En los casos de cotitularidad de la empresa sin forma societaria, ¿la jubilación de uno de los cotitulares del negocio es causa de extinción del contrato conforme al art. 49.1.g) del ET?

No. La jubilación de uno de los cotitulares del negocio no es causa de extinción del contrato conforme al artículo 49.1.g) del ET porque hay otro cotitular. El despido del trabajador con motivo de dicha jubilación con toda probabilidad sería calificado de improcedente. (STS n.º 846/2021, de 23 de julio de 2021, ECLI:ES:TS:2021:3204).

JURISPRUDENCIA

STS, rec. 693/2000, de 8 de junio de 2001, ECLI:ES:TS:2001:4826

No se exige plazo específico para hacer efectiva la decisión de no continuar con la actividad empresarial y de extinguir, por estas causas los contratos de trabajo, pero sí se exige que entre la causa extintiva (muerte, jubilación o incapacidad del empresario) y la extinción de los contratos de trabajo exista una acreditada relación de causalidad que permita considerar que el tiempo transcurrido entre una y otra puede calificarse de plazo prudencial para liquidar el negocio o buscar alguien a quien transmitirlo.

RESOLUCIONES RELEVANTES

STSJ de Madrid n.º 16/2024, de 12 de enero del 2024, ECLI:ES:TSJM:2024:137

En la medida en que la liquidación de la actividad empresarial no puede entenderse como continuidad de la actividad productiva ni, por lo tanto, como sucesión de empresa, el período de liquidación se considera jurisprudencialmente plazo razonable, de forma que, en su transcurso y hasta que se produzca la declaración extintiva, los contratos de trabajo siguen desplegando su eficacia. En todo caso, este período permitido debe ir necesariamente dirigido a realizar las operaciones necesarias para la liquidación de dicha empresa, sin la práctica de actos que supongan contradicción a la finalidad perseguida (citando STS 16-6-88).

STSJ de País Vasco n.º 441/2001, de 13 febrero, ECLI:ES:TSJPV:2001:825

Han de valorarse tanto los factores que inciden en la toma de decisión (determinación de los herederos, adjudicación del negocio, etc.) como los que corresponden a su puesta en práctica, ya que hay actividades empresariales en las que el cese no conviene realizarlo en forma brusca, requiriendo un cierto tiempo para evitar perjuicios a clientes o terceros (ejemplos ilustrativos de este tipo de negocios serían los casos de un hospital, un centro educativo, etc.).

STJUE n.º C-196/23, de 11 de julio de 2024, ECLI:EU:C:2024:596

Ha dictaminado que la Directiva 98/59/CE sobre despidos colectivos, siempre que se alcancen los umbrales de despidos previstos, también se aplica en casos de jubilación del empresario. Este fallo implica que, en casos de jubilación del empresario, se deben seguir los procedimientos de consulta y notificación previstos para los despidos colectivos si se superan los umbrales para la consideración de la existencia de un despido colectivo.

STSJ de Castilla y la Mancha n.º 771/2021, de 13 de mayo de 2021, ECLI:ES:TSJCLM:2021:1366

Pasar de una jubilación activa a una plena no permite la extinción del contrato sujeta a un mes de indemnización al amparo del art. 49.1.g) del ET. La jubilación plena es una variante de la situación de jubilación que ya le había sido legalmente reconocida. La posibilidad de pasar de una jubilación activa a una plena no permite la extinción del contrato ni en el precepto estatutario, ni en la normativa de seguridad social, ni, además, parece razonable que esa extinción contractual, tan favorable para la empleadora como desfavorable para la persona trabajadora, quede al arbitrio de la primera en cuanto al momento de ejercitar tal posibilidad.

STSJ de Asturias n.º 408/2015, de 27 de febrero de 2015, ECLI:ES:TSJAS:2015:524

Se entiende que no existe despido, sino extinción del contrato de trabajo por jubilación del empresario prevista en el art. 49.1 g) del Estatuto de los Trabajadores, al pasar de jubilación activa a una plena

«La razón esencial de esta extinción de las relaciones laborales no se centra tanto en la concurrencia de la jubilación del empresario individual (o su muerte o incapacidad), como en el hecho de que éstas hayan determinado la desaparición o cese de la actividad empresarial. Se produce así un doble encadenamiento causal; la jubilación (o la muerte o incapacidad) del empresario ocasiona el cierre de la explotación, y este cierre, provocado por aquella causa, justifica la extinción de los contratos de trabajo.

Es cierto que no es absolutamente necesario que el momento de la jubilación y el cierre de la empresa, con las subsiguientes extinciones de las relaciones de trabajo, sean totalmente coincidentes, puesto que entre uno y otros puede mediar un plazo prudencial. La finalidad de este plazo en los supuestos de jubilación es, fundamentalmente, el facilitar la liquidación y cierre del negocio o incluso su posible transmisión; y la duración de tal plazo dependerá de las circunstancias concurrentes en cada caso, no pudiéndose fijar reglas generales aplicables a todos los supuestos».

5.2. Cese de la actividad en caso de autónomo persona jurídica

Como hemos tratado, el art. 49.1.g) del Estatuto de los Trabajadores establece la extinción del contrato «sin **perjuicio de lo dispuesto en el artículo 44, o por extinción de la personalidad jurídica del contratante**». Esto supone que la extinción de los contratos de trabajo por extinción de la personalidad jurídica del empleador debe someterse al trámite previsto para los **despidos colectivos** (art. 51 del ET) **u objetivos** [art. 52.c) del ET].

El ET define dos supuestos para el despido colectivo:

- Cuando el número de extinciones contractuales supera los umbrales que fija el propio precepto legal, computados en la forma en la que se señala en el mismo.

- Cuando la extinción de contratos se extiende a la totalidad de la plantilla de la empresa, siempre que el número de trabajadores afectados sea superior a cinco.

De esta forma, ante la extinción de la personalidad jurídica del empresario, no siempre operará el procedimiento previsto para los despidos colectivos. Si la extinción contractual se sustenta en alguna de las causas previstas en el art. 51 del ET (económicas, técnicas, organizativas o productivas) pero el despido no puede calificarse como colectivo por no encontrarse en ninguno de los dos supuestos citados, resulta entonces de aplicación el art. 52.c) del ET, y la extinción se tramitará según los trámites previstos para la **extinción individual de contrato por causa objetiva** [art. 52 c) y 53 del ET]. (STS n.º 477/2022, de 24 de mayo de 2022, ECLI:ES:TS:2022:2112).

Los problemas principales a la hora de estudiar esta clase de extinción son, históricamente, dos:

a) Determinar los supuestos en que existe extinción de la personalidad jurídica del empresario social.

Aquí nos encontramos con la obligada diferenciación entre disolución y liquidación de la sociedad. Toda desaparición de una sociedad comienza con la disolución, como presupuesto previo a la extinción, consecuencia del cual aparecerá el proceso de liquidación (cobro de los créditos de la sociedad, extinción de obligaciones contraídas, realización de las operaciones pendientes) con la finalidad de la división entre los socios de los haberes sociales resultantes.

> **A TENER EN CUENTA.** La personalidad jurídica no se extingue con la disolución sino con la liquidación de la sociedad.

Las causas de disolución de las sociedades vienen especificadas en la normativa legal y en los estatutos de cada sociedad (Ejemplo.: cumplimiento del término de duración prefijado contractualmente, conclusión del objeto social por el que se constituyó la empresa o imposibilidad de alcanzarlo, pérdida de gran parte del capital social, insolvencia, denuncia del contrato, disolución por acuerdo de la Junta General, reducción del capital bajo el umbral legal, etc.).

b) Fijar el alcance de la remisión al procedimiento de despido colectivo: procedimiento para la extinción de la personalidad jurídica del empresario (despidos por cierre de empresa)

La extinción de relaciones de trabajo por extinción de la personalidad jurídica del contratante se regirá por el procedimiento establecido en el capítulo I del Título I del Real Decreto 1483/2012, de 29 de octubre, por el que se aprueba el Reglamento de los procedimientos de despido colectivo y de suspensión de contratos y reducción de jornada, incluidas las disposiciones relativas a las medidas sociales de acompañamiento y al plan de recolocación externa.

Según lo previsto en el art. 49.1.g) del Estatuto de los Trabajadores, la extinción de relaciones de trabajo por extinción de la personalidad jurídica del contratante se regirá por el procedimiento establecido en el capítulo I del Título I del Real Decreto 1483/2012, de 29 de octubre, por el que se aprueba el Reglamento de los procedimientos de despido colectivo y de suspensión de contratos y reducción de jornada, incluidas las disposiciones relativas a las medidas sociales de acompañamiento y al plan de recolocación externa.

En función del número de trabajadores afectados por la extinción el procedimiento a seguir por la empresa varia:

- **Plantilla de más de cinco personas trabajadoras.** Cuando la extinción de los contratos de trabajo afecte a la totalidad de la plantilla de la empresa, siempre que el número de trabajadores afectados sea superior a cinco y se produzca la cesación total de la actividad empresarial fundada en las causas que el art. 51 del ET, se aplica el **despido colectivo**.

- **Plantilla de cinco o menos personas trabajadoras.** En estos supuestos el cese de la actividad, y la extinción de las relaciones laborales por extinción de la personalidad jurídica, es una resolución unilateral condicionada a la demostración judicial de las causas alegadas aplicándose los trámites y requisitos del **despido objetivo**.

> **A TENER EN CUENTA.** Ha de seguirse el proceso de despido colectivo para la extinción de contratos de trabajo fundado en causas económicas, técnicas, organizativas o de producción, incluida la presentación de plan de acompañamiento y periodo de consultas. (STJUE n.º C-196/23, de 11 de julio 2024).

La jurisprudencia ha establecido que a pesar del contenido del art. 49.1.g) del Estatuto de los Trabajadores, que se remite al despido colectivo en estos casos (art. 51 del ET), esta remisión ha de entenderse igualmente dirigida al despido objetivo [art. 52.c) del ET] de manera que si la extinción no alcanza los umbrales establecidos para causar despido colectivo (ej.: menos de 6 trabajadores en empresa que ocupa menos de 100), deben seguirse los trámites del despido objetivo.

JURISPRUDENCIA

STS n.º 430/2022, de 11 de mayo de 2022, ECLI:ES:TS:2022:2055

La extinción de los contratos de trabajo por extinción de la personalidad jurídica del empleador debe someterse al trámite previsto para los despidos colectivos (art. 51 del ET) si el número de trabajadores afectados es superior a cinco. En caso contrario, se tramitará según los trámites previstos para la extinción individual de contrato por causa objetiva [art. 52 c) y 53 del ET].

STS n.º 366/2023, de 18 de mayo del 2023, ECLI:ES:TS:2023:2236

La incomparecencia de la empresa al acto del juicio no obliga necesariamente al órgano judicial a calificar de improcedente la extinción del contrato de trabajo por cese de la actividad, disolución y liquidación empresarial.

STS, rec. 107/2017, de 24 de octubre de 2017, ECLI:ES:TS:2017:1019 y STS, rec. 32/2017, 12 de julio, ECLI:ES:TS:2017:560

En estos litigios el TS se ha pronunciado, en supuestos de extinción de la personalidad jurídica de la empleadora, remitiéndose a los trámites del despido colectivo, concurriendo la circunstancia de que la plantilla de la empresa es superior a cinco trabajadores.

Indemnización derivada de la extinción de la personalidad jurídica del empresario como causa de extinción del contrato

Siguiendo el art. 49.1.g) y art. 51.8, párrafo 3.º, del ET, la extinción de los contratos de trabajo por extinción de la personalidad jurídica del empresario genera el derecho del trabajador a las **indemnizaciones propias del despido** colectivo por causas económicas, técnicas, organizativas o de producción, es decir 20 días por año de servicio hasta un máximo de 12 mensualidades.

Efectos de la extinción de la personalidad jurídica del empresario

Cualquier extinción contractual bajo esta modalidad está sujeta al cumplimiento de las formalidades para despido colectivo establecidas en el art. 51 del Estatuto de los Trabajadores, cuya inobservancia o infracción, dará lugar a la nulidad de la extinción, conforme imponen los preceptos art. 53.4 del Estatuto de los Trabajadores y arts. 122 y 124 de la Ley de Jurisdicción Social, con los efectos legales y respectivamente previstos en los artículos arts. 53.5, 123 y 124 del ET en su remisión a los preceptos arts. 55 y 113 de la LRJS, respectivamente, de los referidos cuerpos legales.

La declaración de nulidad determina, como se ha dicho, la obligación empresarial de readmitir al trabajador en su puesto de trabajo con abono de los salarios de tramitación devengados desde que se produjo el despido hasta la notificación de la sentencia.

6.
CÓMO CALCULAR LA PENSIÓN DE JUBILACIÓN DEL AUTÓNOMO

El autónomo debe obtener las bases de cotización de los últimos 25 años, calcular la base reguladora y aplicar el porcentaje según edad y años cotizados para saber cuál es la pensión que te pertenece. Para esto deben seguirse una serie de pasos basados en la normativa vigente en cada momento:

Comprobar si se cumplen los requisitos de edad y mínimo de años cotizados para acceder a la jubilación

Desde la reforma de las pensiones de 2011 (Ley 27/2011, de 1 de agosto) se han establecido dos edades de jubilación (D.T. 7.ª de la LGSS) una en caso de cumplir cierto periodo de cotización y otra en caso de no cumplirlo:

Año	Períodos cotizados	Edad exigida
2013	35 años y 3 meses o más	65 años
	Menos de 35 años y 3 meses	65 años y 1 mes
2014	35 años y 6 meses o más	65 años
	Menos de 35 años y 6 meses	65 años y 2 meses
2015	35 años y 9 meses o más	65 años
	Menos de 35 años y 9 meses	65 años y 3 meses
2016	36 o más años	65 años
	Menos de 36 años	65 años y 4 meses
2017	36 años y 3 meses o más	65 años
	Menos de 36 años y 3 meses	65 años y 5 meses
2018	36 años y 6 meses o más	65 años
	Menos de 36 años y 6 meses	65 años y 6 meses
2019	36 años y 9 meses o más	65 años
	Menos de 36 años y 9 meses	65 años y 8 meses

Año	Períodos cotizados	Edad exigida
2020	37 o más años	65 años
	Menos de 37 años	65 años y 10 meses
2021	37 años y 3 meses o más	65 años
	Menos de 37 años y 3 meses	66 años
2022	37 años y 6 meses o más	65 años
	Menos de 37 años y 6 meses	66 años y 2 meses
2023	37 años y 9 meses o más	65 años
	Menos de 37 años y 9 meses	66 años y 4 meses
2024	**38 o más años**	65 años
	Menos de 38 años	**66 años y 6 meses**
2025	38 años y 3 meses o más	65 años
	Menos de 38 años y 3 meses	66 años y 8 meses
2026	38 años y 3 meses o más	65 años
	Menos de 38 años y 3 meses	66 años y 10 meses
A partir de 2027	38 años y 6 meses o más	65 años
	Menos de 38 años y 6 meses	67 años

Hallar la media de las bases de cotización de los últimos 25 años

Debemos conocer las cantidades de los últimos 25 años de cotización previos a la jubilación, es decir, la cotización efectuada durante los 300 meses previos a la cotización. Esto se puede hacer a través del informe de bases de cotización de la Seguridad Social.

El portal web de la Seguridad Social permite acceder a estos datos del trabajador autónomo mediante un informe de la vida laboral. Para ello solo será necesario clave PIN de acceso, DNI Electrónico o cualquier otro método establecido por la propia Seguridad Social.

A diferencia del Régimen General, en el RETA —hasta 2026— **no existe integración de lagunas.** De esta forma, los periodos no cotizados se contabilizaban como cero.

A TENER EN CUENTA. La opción de considerar 29 años excluyendo los 2 peores establecida por la reforma de las pensiones 2023, se desplegará progresivamente durante 12 años, entre 2027 y 2038, a razón de 4 meses de incremento por cada año desde 2027 a 2038. A partir de 2026 los trabajadores autónomos podrán integrar periodos limitados en las lagunas de cotización (art. 322 de la LGSS). Del mismo modo, los años que se tienen en cuenta para la jubilación se incrementan anualmente.

Cálculo de la base reguladora

Teniendo en cuenta los datos anteriores calcularemos la BR de la prestación. La base reguladora se obtiene sumando todas las bases de cotización de los últimos 25 años (300 bases) y dividiendo el resultado por 350.

> **A TENER EN CUENTA.** La base reguladora de la pensión de jubilación se calculará siguiendo el art. 209 de la LGSS y las DD.TT. 4.ª, 8.ª y 44.ª del mismo texto normativo donde (con las nuevas modificaciones) se especifica un periodo transitorio por el cual la regulación anterior a esta reforma de 2023 se mantendrá para las pensiones de jubilación anteriores al 31/12/2025. Actualmente la herramienta de autocálculo de la Seguridad Social permite calcular de forma no oficial la base reguladora para la pensión de jubilación.

Ajustes de la base reguladora según el porcentaje que corresponda

La cuantía de la pensión se determina aplicando a la base reguladora el porcentaje general que corresponda en función de los años cotizados y, en su caso, el porcentaje adicional por prolongación de la vida laboral o coeficientes reductores que correspondan, es decir, el porcentaje de la base reguladora depende de cumplir los requisitos de edad y años cotizados.

En 2024, para cobrar el 100 % de la base reguladora, debes tener 65 años y haber cotizado al menos 38 años, o tener 66 años y 6 meses si no alcanzas los 38 años de cotización.

- Con 15 años cotizados, se tendrá derecho al 50 % de la base reguladora.
- Los siguientes 49 meses suman cada uno un 0,21 % adicional.
- Por cada uno de los 209 meses siguientes hasta llegar a los años de cotización solicitados, suman cada mes un 0,19 % adicional.

Cálculo de la pensión

Aplicando a mi base reguladora el porcentaje que corresponda, se obtiene la cuantía exacta de pensión a la que tendría derecho, siempre teniendo en cuenta que se recibe en 14 pagas anuales.

Variables

El importe de la pensión de jubilación depende de las bases de cotización, períodos cotizados, edad y circunstancias personales. Sin embargo, la pensión real puede sufrir variaciones al alza o a la baja por varias razones:

|| Anticipación de la edad de jubilación

Es posible acceder a la jubilación anticipada voluntaria hasta 24 meses (2 años) antes de la edad legal ordinaria.

Se aplicarían además unos coeficientes reductores de la pensión que varían en función de si la jubilación anticipada es voluntaria o forzosa, del número de meses de adelanto de la jubilación y del número de años cotizados.

Como hemos analizado el autónomo deberá cumplir una serie de **requisitos**:

- Haber cotizado 35 años como mínimo.
- Tener dos años menos que la edad legal de jubilación.
- Haber cotizado un mínimo de dos años en los 15 años previos a la jubilación.
- Que la pensión sea superior a la pensión mínima que recibiría de jubilarse en la edad legal de jubilación.

En los casos de acceso a la jubilación anticipada se aplicarán los coeficientes reductores de la pensión establecidos en el art. 208.2 de la LGSS.

Bonificaciones por jubilación demorada

Cuando se acceda a la pensión de jubilación a una edad superior a la ordinaria, y siempre que al cumplimiento de esta se reúna el período mínimo de cotización, se reconocerá un complemento económico por cada año completo cotizado entre la fecha en que cumplió dicha edad y la del hecho causante de la pensión, cuya cuantía dependerá de los años de cotización acreditados en la primera de las fechas. Este complemento puede percibirse como un porcentaje adicional del 4 % en la cuantía mensual de la pensión por cada año completo de demora cotizado, como una cantidad a tanto alzado a recibir en un único pago en el momento de la jubilación o como una opción mixta, combinación de las opciones anteriores.

Situaciones de pluriempleo y pluriactividad

- **Pluriempleo**: en el primer caso, las bases por las que se haya cotizado en las diversas empresas se computarán en su totalidad, pero su suma no podrá en ningún caso superar el límite máximo de cotización vigente en cada momento.
- **Pluriactividad**: cuando se acrediten cotizaciones a varios regímenes de la Seguridad Social y no se cause derecho a pensión en uno de ellos, las bases de cotización acreditadas de este último podrán sumarse a las del régimen en que se tenga derecho a la pensión. Como en el caso anterior, la suma de las bases no podrá exceder el límite máximo de cotización vigente en cada momento.

Límite máximo y mínimo de la pensión de jubilación y su revalorización

- **Pensión superior a la máxima**: en caso de que la pensión teórica (resultante de aplicar a la base reguladora el porcentaje que correspondiese) fuese superior a la pensión máxima del sistema (42.823,34 euros en 2023), en cuyo caso se aplicaría la pensión máxima.

- **Pensión inferior a la mínima:** dependiendo de su situación familiar del autónomo, si la cuantía de pensión obtenida es inferior a la pensión mínima, podría necesitar el complemento a mínimos para alcanzar la cuantía mínima establecida para cada ejercicio, siempre que se demuestre la carencia de rentas.

- **Revalorización anual de las pensiones:** el art. 58 de la Ley General de la Seguridad Social establece que las pensiones de la Seguridad Social, en su modalidad contributiva, incluido el importe de la pensión mínima, se revalorizarán al comienzo de cada año en el porcentaje equivalente al valor medio de las tasas de variación interanual expresadas en tanto por ciento del Índice de Precios al Consumo de los doce meses previos a diciembre del año anterior.

A TENER EN CUENTA. La reforma de las pensiones 2023 ha reformado el citado art. 58 de la LGSS (se modifica el apartado 2 y se añade un apartado 5) para garantizar que, en la modalidad contributiva, todas las pensiones del sistema y no solo la pensión mínima, como se decía en la redacción anterior, así como el complemento de brecha de género, se revalorizarán al comienzo de cada año en el porcentaje equivalente al valor medio de las tasas de variación interanual expresadas en tanto por ciento del Índice de Precios al Consumo de los doce meses previos a diciembre del año anterior. El art. 58.4 de la LGSS determina legalmente la fórmula para revalorizar las pensiones reconocidas en virtud de normas internacionales de las que esté a cargo de la Seguridad Social española un tanto por ciento de su cuantía teórica.

‖ Impuesto sobre la renta de las personas físicas

Las pensiones de jubilación están sujetas al impuesto sobre la renta de las personas físicas, cuya liquidación se practica mediante retenciones a cuenta sobre el importe mensual de la pensión. El tipo de retención se determina en función de la situación personal y familiar a efectos fiscales del pensionista y teniendo en cuenta asimismo el importe a percibir en el ejercicio del que se trate.

7.
COMPLEMENTO DE PENSIONES CONTRIBUTIVAS PARA LA REDUCCIÓN DE LA BRECHA DE GÉNERO

En el caso de pensiones causadas a partir del 4 de febrero de 2021 (fecha de entrada en vigor del Real Decreto-ley 3/2021, de 2 de febrero) se concederá al progenitor que acredite un perjuicio en su carrera profesional tras el nacimiento del hijo o hija un complemento a su pensión (en caso de controversia entre ellos el derecho se le reconocerá a la madre con el fin de contribuir a la reducción de la brecha de género). La medida estará en vigor mientras la brecha de género de las pensiones sea superior al 5 %.

7.1. Beneficiarios del complemento para reducir la brecha de género

Se concederá a **cualquiera de los dos progenitores** (se abre la posibilidad de concesión a varones) que más perjudicado se haya visto en su carrera laboral. En los supuestos de que ninguno de los dos padres viera perjudicada su carrera de cotización, el complemento será reconocido a la madre o al progenitor con menor pensión en el caso de las parejas del mismo sexo.

El reconocimiento del complemento al segundo progenitor supondrá la extinción del complemento ya reconocido al primer progenitor y producirá efectos económicos el primer día del mes siguiente al de la resolución, siempre que la misma se dicte dentro de los seis meses siguientes a la solicitud o, en su caso, al reconocimiento de la pensión que la cause; pasado este plazo, los efectos se producirán desde el primer día del séptimo mes.

Antes de dictar la resolución reconociendo el derecho al segundo progenitor, se dará audiencia al que viniera percibiendo el complemento.

El complemento para la reducción la brecha de género **se reconocerá a las pensiones causadas a partir del 4 de febrero de 2021** (fecha de entrada en vigor del Real Decreto-ley 3/2021, de 2 de febrero).

CUESTIÓN

¿Qué se entiende por brecha de género de las pensiones de jubilación?

Se entiende por brecha de género de las pensiones de jubilación el porcentaje que representa la diferencia entre el importe medio de las pensiones de jubilación contributiva causadas en un año por las mujeres respecto del importe de las pensiones causadas por los hombres. Esta definición es importante ya que el derecho al reconocimiento del complemento «(...) se mantendrá en tanto la brecha de género de las pensiones de jubilación, causadas en el año anterior, sea superior al 5 por ciento» (D.A. 37.ª de la LGSS).

Mujeres

Las **mujeres** que hayan tenido uno o más hijos o hijas y que sean beneficiarias de una pensión contributiva de jubilación, de incapacidad permanente o de viudedad, tendrán derecho a un complemento por cada hijo o hija, debido a la incidencia que, con carácter general, tiene la brecha de género en el importe de las pensiones contributivas de la Seguridad Social de las mujeres.

El derecho al complemento por cada hijo o hija se reconocerá o mantendrá a la mujer siempre que no medie solicitud y reconocimiento del complemento en favor del otro progenitor y si este otro es también mujer, se reconocerá a aquella que sea titular de pensiones públicas cuya suma sea de menor cuantía (art. 60.1 de la LGSS).

CUESTIÓN

¿Cómo se determina las pensiones (o suma de pensiones) de los progenitores con menor cuantía a efectos de otorgar este complemento? ¿Qué sucede si coincide el importe de las pensiones computables de ambos progenitores?

Según el art. 60.7 de la LGSS (con efectos de 18/03/2023), se tendrá en cuenta su importe inicial, una vez revalorizadas, sin computar los complementos que pudieran corresponder. Cuando ambos progenitores sean del mismo sexo y coincida el importe de las pensiones computables de cada uno de ellos, el complemento se reconocerá a aquél que haya solicitado en primer lugar la pensión con derecho a complemento.

Hombres

Para que los hombres puedan tener derecho al reconocimiento del complemento deberá concurrir alguno de los siguientes requisitos:

1. Tener reconocida una pensión de viudedad por el fallecimiento del otro progenitor de los hijos o hijas en común, siempre que alguno de ellos tenga derecho a percibir una pensión de orfandad.

2. Causar una pensión contributiva de jubilación o incapacidad permanente y haber interrumpido o haber visto afectada su carrera profesional con ocasión del nacimiento o adopción, con arreglo a las siguientes condiciones:
   - En el supuesto de hijos o hijas nacidos o adoptados hasta el 31 de diciembre de 1994, tener más de ciento veinte días sin cotización entre los nueve meses anteriores al nacimiento y los tres años posteriores a dicha fecha o, en caso de adopción, entre la fecha de la resolución judicial por la que se constituya y los tres años siguientes, siempre que la suma de las cuantías de las pensiones reconocidas sea inferior a la suma de las pensiones que le corresponda a la mujer.
   - En el supuesto de hijos o hijas nacidos o adoptados desde el 1 de enero de 1995, que la suma de las bases de cotización de los veinticuatro meses siguientes al del nacimiento o al de la resolución judicial por la que se constituya la adopción sea inferior, en más de un 15 por ciento, a la de los veinticuatro meses inmediatamente anteriores, siempre que la cuantía de las sumas de las pensiones reconocidas sea inferior a la suma de las pensiones que le corresponda a la mujer.

> **A TENER EN CUENTA.** En cualquiera de los supuestos a que se refieren las condiciones 1.ª y 2.ª para el cálculo de períodos cotizados y de bases de cotización no se tendrán en cuenta los beneficios en la cotización establecidos en el art. 237 de la LGSS en los casos de períodos de excedencia o reducción de jornada por motivos familiares.

   - Si los dos progenitores son hombres y se dan las condiciones anteriores en ambos, se reconocerá a aquel que sea titular de pensiones públicas cuya suma sea de menor cuantía.
   - El requisito, para causar derecho al complemento, de que la suma de las pensiones reconocidas sea inferior a la suma de las pensiones que le corresponda al otro progenitor se exigirá en el momento en que ambos progenitores causen derecho a una prestación contributiva en los términos previstos en la norma.

JURISPRUDENCIA

STS n.º 1380/2021, de 25 de noviembre de 2021, ECLI:ES:TS:2021:440

Se reconoce el derecho al complemento de maternidad en las pensiones de los funcionarios varones.

El fallo se centra en la interpretación y aplicación de la D.A. 18.ª del Real Decreto Legislativo 670/1987, de 30 de abril, en vigor cuando se formula la solicitud y se deniega la misma por la Administración, que es la redacción inmediatamente anterior a la reforma de dicha Ley de Clases Pasivas del Estado, mediante Real Decreto Ley 3/2021, de 2 de febrero, por el que se adoptan medidas para la reducción de la brecha de género y otras materias en los ámbitos de la Seguridad Social y económico.

Para el TS, aunque la finalidad del complemento es «corregir o mitigar las desventajas que para su carrera profesional pueden derivarse de la maternidad», es innegable que ha sido declarado no conforme con la Directiva 79/7, por la STJUE n.º C-450/2018, de 12 de diciembre de 2019, atendida su fundamentación basada exclusivamente en la «aportación demográfica».

Dado que ambos complementos por maternidad (el general de la Seguridad Social, y el de clases pasivas) tienen la misma naturaleza, finalidad y configuración, según reconocen los legisladores de 2015 y de 2021, la Sala de lo Contencioso es clara: «dicho complemento no puede ser denegado únicamente por haber sido solicitado por un hombre».

RESOLUCIONES RELEVANTES

STSJ de Cataluña n.º 958/2021, de 17 de febrero de 2021, ECLI:ES:TSJCAT:2021:3

Posible aplicación con efectos retroactivos en los casos de acceso anticipado a la jubilación por voluntad de los interesados. Ante el cambio normativo por el que se permite el acceso a la prestación desde la situación de jubilación voluntaria anticipada el TSJ entiende aplicables los principios de retroactividad e igualdad y no discriminación al tratarse una modificación normativa favorable para los prestacionistas.

«"El importe del complemento ya no se fija en relación porcentual (con la prestación) según el número de hijos, sino por remisión a la correspondiente Ley de Presupuestos Generales del Estado (...) limitad(o) a cuatro veces el importe mensual fijado por hijo o hija y será incrementada al comienzo de cada año en el mismo porcentaje previsto en la correspondiente Ley de Presupuestos Generales del Estado para las pensiones contributivas".

La sentencia que se cita del TSJUE de 12 de diciembre de 2019 (frente a lo sugerido por el juzgador de instancia) en la medida que ponía de manifiesto la defectuosa configuración legal del complemento en cuestión (brecha de género vs aportación demográfica) vino a imponer la necesidad de una modificación legislativa plasmada en el nuevo texto, al que resulta de plena aplicación no ya por aplicación del principio de retroactividad de norma favorable (de Seguridad Social) como del de igualdad y no discriminación que ampara su reforma; debiendo, en armonía con lo así expuesto y razonado, admitirse el recurso interpuesto, estimándose la pretensión deducida por la beneficiaria en su inicial escrito de demanda».

STJUE n.º C-450/18, de 12 de diciembre de 2019

El Tribunal Europeo establece que el complemento por maternidad por aportación demográfica a la Seguridad Social en las pensiones contributivas de jubilación, viudedad e incapacidad permanente también debe reconocerse a los padres que cumplan los requisitos legales, concediéndose el suplemento a un hombre que percibe una pensión de invalidez. Para el TJUE, el actual art. 60.1 de la LGSS supone una discriminación directa por razón de género prohibida por la Directiva 79/7/CEE, lo que afectaría a su lucro en paralelo a las pensiones contributivas de jubilación, viudedad e incapacidad permanente, y obliga a una adaptación normativa al reciente pronunciamiento.

La doctrina europea ha sido aplicada por la STSJ Canarias n.º 44/2020, de 20 de enero de 2020, ECLI:ES:TSJICAN:2020:1.

7.2. Reglas para la percepción del complemento para reducir la brecha de género

La percepción del complemento estará sujeta además a las siguientes reglas (art. 60.3 de la LGSS):

- Cada hijo o hija dará derecho únicamente al reconocimiento de un complemento. A efectos de determinar el derecho al complemento, así como su cuantía, únicamente se computarán los hijos o hijas que con anterioridad al hecho causante de la pensión correspondiente hubieran nacido con vida o hubieran sido adoptados.

- No se reconocerá el derecho al complemento al padre o a la madre que haya sido privado de la patria potestad por sentencia fundada en el incumplimiento de los deberes inherentes a la misma o dictada en causa criminal o matrimonial. Tampoco se reconocerá el derecho al complemento al padre que haya sido condenado por violencia contra la mujer, en los términos que se defina por la ley o por los instrumentos internacionales ratificados por España, ejercida sobre la madre, ni al padre o a la madre que haya sido condenado o condenada por ejercer violencia contra los hijos o hijas.

- Cuando la pensión contributiva que determina el derecho al complemento se cause por totalización de períodos de seguro a *prorrata temporis* en aplicación de normativa internacional, el importe real del complemento será el resultado de aplicar a la cuantía la prorrata aplicada a la pensión a la que acompaña.

CUESTIÓN

¿Computan los hijos nacidos muertos a efectos de determinar el derecho al complemento?

La interpretación judicial del art. 236.1 de la LGSS en este aspecto no está siendo unánime. Destacando:

- STSJ de Madrid n.º 351/2019, de 10 de abril de 2019, ECLI:ES:TSJM:2019:3321. No computan los hijos nacidos muertos a efectos de determinar el derecho al complemento por maternidad en pensiones contributivas. Siguiendo la redacción del art. 60 de la LGSS, conforme al artículo 3.1 del CC, el complemento de maternidad se reconoce con la finalidad de compensar a las madres por la aportación demográfica a la Seguridad Social que supone la crianza de un hijo, y no por el hecho del embarazo o incluso del parto, a diferencia de lo que sucede en otras normas de la Seguridad Social como las que asimilan a los periodos de cotización —para causar derecho a una prestación— los partos, siempre que hayan tenido una duración de 180 días pues, en uno y otro caso, su finalidad es diferente. Por consiguiente, los hijos computables para determinar la cuantía del complemento por maternidad son aquellos cuya filiación esté determinada a favor de la beneficiaria de la pensión en el momento del hecho causante, independientemente de que se trate de filiación biológica o por adopción.

- STS de Galicia, rec. 1327/2021, de 15 de octubre de 2021, ECLI:ES:TSJ-GAL:2021:4886. El nacimiento de un hijo muerto cuenta como a los efectos de calcular el complemento por maternidad en las pensiones contributivas. El TSXG entiende que se debe aplicar ese complemento en el caso de fallecer el hijo antes de nacer, pues trata de compensar «la discriminación laboral que sufren las mujeres trabajadoras, en especial las que a la vez han sido madres, y más en especial las que han tenido más de un hijo, todo ello con la finalidad de reducir una brecha, que no solo es salarial, también pensional».

RESOLUCIONES RELEVANTES

STSJ de Galicia, rec. 2819/2018, de 7 de diciembre 2018, ECLI:ES:TSJGAL:2018:6799

«(...) Si el legislador, en aras a superar la brecha pensional derivada de esa brecha salarial histórica, ha tomado en consideración el nacimiento de un hijo para generar

el complemento, esa expresión se debe entender en el sentido amplio de incluir todo desprendimiento del seno materno transcurridos los 180 días de gestación».

STSJ de Cantabria, rec. 356/2021, de 4 de junio 2021, ECLI:ES:TSJCANT:2021:341

Procede lucrar el complemento de pensión en el caso de triple embarazo, en el que dos hijos nacen muertos. «Incluso abordado el asunto desde la perspectiva de la LO 3/2007 y que se admitiera que debe aplicarse al caso el art. 30 del CC en la redacción anterior, el hecho de haber dado a luz un ser que no alcanza personalidad por considerarse como "criatura abortiva", supuso para la madre una limitación en el acceso y mantenimiento del empleo equivalente a la provocada por un parto con éxito, ya que igualmente estuvo embarazada, parió y precisó descanso recuperatorio».

STSJ de Cantabria n.º 495/2021, de 2 de julio de 2021, ECLI:ES:TSJCANT:2021:439

Partiendo de la hermenéutica judicial del Código Civil en relación con la LO de Igualdad y la Convención europea frente a la discriminación, debe aplicarse analógicamente la misma protección a efectos del complemento por maternidad en el caso de fallecimiento del hijo/a con al menos 6 meses de gestación.

7.3. Nacimiento, suspensión y extinción del complemento para reducir la brecha de género

El complemento se abonará en tanto la persona beneficiaria perciba pensión contributiva de jubilación, incapacidad permanente o viudedad, por lo que su nacimiento, suspensión y extinción coincidirá con el de la pensión que haya determinado su reconocimiento. No obstante:

- Se extinguirá con el reconocimiento del complemento al segundo progenitor.
- Cuando en el momento de la suspensión o extinción de dicha pensión la persona beneficiaria tuviera derecho a percibir otra distinta, el abono del complemento se mantendrá, quedando vinculado al de esta última.

7.4. Solicitud y prestaciones relacionadas con el complemento para reducir la brecha de género

Dentro de los distintos formularios de solicitud proporcionados por el INSS o ISM para pensión de jubilación contributiva; incapacidad permanente y lesiones permanentes no invalidantes; y viudedad, orfandad, favor de familiares y auxilio por defunción, las especificaciones necesarias para el reconocimiento complemento de pensiones contributivas para la reducción de la brecha de género en el caso de las pensiones causadas a partir del 4 de febrero de 2021.

Junto al complemento analizado, los prestacionistas encontrarán la posibilidad de solicitar:

- **Reconocimiento de periodos de cotización asimilados por parto:** exclusivamente cuando el solicitante sea mujer, a efectos de las pensiones contributivas de jubilación y de incapacidad permanente, se computarán a favor de la trabajadora solicitante de la pensión un total de 112 días completos de cotización por cada parto de un solo hijo y de catorce días más por cada hijo a partir del segundo, este incluido, si el parto fuera múltiple, salvo que, por ser trabajadora o funcionaria en el momento del parto, se hubiera cotizado durante la totalidad de las dieciséis semanas o durante el tiempo que corresponda si el parto fuese múltiple (art. 235 de la LGSS).

- **Beneficios por cuidado de hijos o menores:** exclusivamente a uno de los progenitores (en caso de controversia entre ellos se otorgará el derecho a la madre), sin perjuicio de lo dispuesto anteriormente, se computará como periodo cotizado a todos los efectos, salvo para el cumplimiento del período mínimo de cotización exigido, aquel en el que se haya interrumpido la cotización a causa de la extinción de la relación laboral o de la finalización del cobro de prestaciones por desempleo cuando tales circunstancias se hayan producido entre los nueve meses anteriores al nacimiento, o los tres meses anteriores a la adopción o acogimiento permanente de un menor, y la finalización del sexto año posterior a dicha situación. En base al art. 236 y a la D.T. 14.ª de la LGSS, el período computable como cotizado será como máximo de 270 días por hijo o menor adoptado o acogido, sin que en ningún caso pueda ser superior a la interrupción real de la cotización.

- Para el acceso a este complemento **no se computa el período considerado como cotizado a efectos de las prestaciones de la Seguridad Social de los períodos de excedencia y reducción de jornada** regulados en el art. 237 de la LGSS.

- **El derogado complemento en las pensiones contributivas por aportación demográfica:** exclusivamente cuando el solicitante sea mujer, y **para pensiones causadas a partir del 1 de enero de 2016 y hasta el 3 de febrero de 2021** se reconocerá un importe equivalente al resultado de aplicar a la cuantía inicial de las referidas pensiones un porcentaje determinado en función del número de hijos según la escala del art. 60 de la LGSS en su redacción anterior al 4 de febrero de 2021.

> **A TENER EN CUENTA.** A pesar de que el complemento ha sido tachado de discriminatorio por el TJUE [STJUE de 12 de diciembre de 2019 (C-450/18)] y distintos tribunales nacionales (STSJ de Canarias n.º 44/2020, de 20 de enero de 2020, ECLI:ES:TSJICAN:2020:1), **actualmente sigue siendo denegado en vía administrativa siendo necesaria la intervención judicial para su concesión a los hombres.**

7.5. Mantenimiento transitorio del derogado complemento por maternidad

Para las pensiones causadas entre el 01/01/2016 y hasta el 03/02/2021 (día anterior a la entrada en vigor de la modificación del art. 60 de la LGSS), quienes estuvieran percibiendo el complemento por maternidad por aportación demográfica, mantendrán su percibo (D.T. 33.ª de la LGSS).

La percepción de dicho complemento de maternidad será incompatible con el complemento de pensiones contributivas para la reducción de la brecha de género que pudiera corresponder por el reconocimiento de una nueva pensión pública, pudiendo las personas interesadas optar entre uno u otro.

En el supuesto de que el otro progenitor, de alguno de los hijos o hijas, que dio derecho al complemento de maternidad por aportación demográfica, solicite el complemento de pensiones contributivas para la reducción de la brecha de género y le corresponda percibirlo, por aplicación de lo establecido en el art. 60 de la LGSS o de la D.A.18.ª del texto refundido de la Ley de Clases Pasivas del Estado, la cuantía mensual que le sea reconocida se deducirá del complemento por maternidad que se viniera percibiendo, con efectos económicos desde el primer día del mes siguiente al de la resolución, siempre que la misma se dicte dentro de los seis meses siguientes a la solicitud o, en su caso, al reconocimiento de la pensión que la cause; pasado dicho plazo, los efectos se producirán desde el primer día del séptimo mes siguiente a esta. (STS, rec. 2808/2022, de 29 de junio de 2023, ECLI:ES:TS:2023:3052).

JURISPRUDENCIA

STS n.º 487/2022, de 30 de mayo de 2022, ECLI:ES:TS:2022:1995

El Tribunal Supremo fija la fecha de efectos de reconocimiento del extinguido complemento de maternidad al progenitor (hombre) en la fecha de reconocimiento inicial de la pensión de jubilación.

STS n.º 666/2024, de 7 de mayo, ECLI:ES:TS:2024:2635 y STS n.º 671/2024, de 8 de mayo, ECLI:ES:TS:2024:2707

El TS reitera doctrina sobre el cálculo del complemento de maternidad en casos de gran invalidez. Debe calcularse únicamente sobre la cuantía inicial de la pensión contributiva, sin incluir el complemento por ayuda de tercera persona.

STS n.º 322/2024, de 21 de febrero, ECLI:ES:TS:2024:1036 y STS 291/2024, de 14 de febrero, ECLI:ES:TS:2024:900

En referencia al complemento de maternidad por aportación demográfica, pero con proyección a otros posibles complementos, dichos complementos no son autónomos, sino que son accesorios a las prestaciones contributivas que complementan. Pero, como precisa, los complementos tienen «relativa autonomía a efectos procesales, fundamentalmente, los relativos a la recurribilidad de una hipotética denegación", en virtud de su "régimen propio y diferenciado de la pensión a la que complementa(n)».

RESOLUCIONES RELEVANTES

STSJ del País Vasco n.º 264/2022, de 8 de febrero de 2022, ECLI:ES:TSJPV:2022:612

El TSJPV declara el derecho de los varones a un complemento del acuerdo de prejubilación atribuido a las mujeres. Las indemnizaciones por jubilación constituyen mejoras voluntarias de la Seguridad Social y «como tales» no pueden suponer discriminación.

STJUE n.º C-130/20, de 12 de mayo de 2021, ECLI:EU:C:2021:381

El suprimido complemento de pensión por jubilación para mujeres con más de dos hijos por aportación demográfica a la Seguridad Social no se abona en caso de jubilación anticipada por voluntad propia.

7.6. Incompatibilidades con el complemento para reducir la brecha de género

No se tendrá derecho a este complemento en los casos de jubilación parcial (art. 215 y D.T. 4.ª.6 de la LGSS). No obstante, se reconocerá el complemento que proceda cuando desde la jubilación parcial se acceda a la jubilación plena, una vez cumplida la edad que, en cada caso, corresponda.

Los complementos que pudieran ser reconocidos en cualquiera de los regímenes de Seguridad Social serán incompatibles entre sí, siendo abonado en el régimen en el que el causante de la pensión tenga más periodos de alta.

La percepción transitoria del ex complemento de maternidad existente hasta el 4 de febrero de 2021 será incompatible con el complemento de pensiones contributivas para la reducción de la brecha de género que pudiera corresponder por el reconocimiento de una nueva pensión pública, pudiendo las personas interesadas optar entre uno u otro.

7.7. Cuantía del complemento para reducir la brecha de género

Este complemento, concebido con naturaleza jurídica de pensión pública contributiva, se fijará en la correspondiente Ley de Presupuestos Generales del Estado.

El complemento será satisfecho en catorce pagas, junto con la pensión (jubilación, jubilación anticipada voluntaria, incapacidad permanente y viudedad) que determine el derecho al mismo.

La cuantía estará limitada a cuatro veces el importe mensual fijado por hijo o hija y será incrementada al comienzo de cada año en el mismo porcentaje previsto en la correspondiente Ley de Presupuestos Generales del Estado para las pensiones contributivas. Esta cuantía se irá actualizando de acuerdo con la revalorización de las pensiones y no computa a efectos de complemento a mínimos ni como tope de la pensión.

El importe del complemento no será tenido en cuenta en la aplicación del límite máximo de pensiones previsto en los arts. 57 (limitación de la cuantía inicial de las pensiones) y 58.7 (valor íntegro anual para el cálculo del importe de la revalorización) de la LGSS.

El importe de este complemento no tendrá la consideración de ingreso o rendimiento de trabajo en orden a determinar si concurren los requisitos para tener derecho al complemento por mínimos previsto en el artículo 59. Cuando concurran dichos requisitos, se reconocerá la cuantía mínima de pensión según establezca anualmente la correspondiente Ley de Presupuestos Generales del Estado. A este importe se sumará el complemento para la reducción de la brecha de género.

> **A TENER EN CUENTA. Con efectos de 1 de enero de 2024**, la cuantía del complemento de pensiones para la reducción de la brecha de género queda establecida en 33,20 euros mensuales (art. 78.6 del Real Decreto-ley 8/2023, de 27 de diciembre).

RESOLUCIÓN RELEVANTE

SJS A Coruña n.º 138/2021, de 6 de abril de 2021, ECLI:ES:JSO:2021:150

El INSS es condenado a abonar íntegramente el complemento por maternidad a un hombre desde la solicitud de la prestación.

8.
COMPLEMENTOS POR MÍNIMOS EN LAS PENSIONES

Los beneficiarios de pensiones contributivas del sistema de la Seguridad Social, que no perciban rendimientos del trabajo, del capital o de actividades económicas y ganancias patrimoniales, de acuerdo con el concepto establecido para dichas rentas en el Impuesto sobre la Renta de las Personas Físicas, o que, percibiéndolos, no excedan de la cuantía que anualmente establezca la correspondiente Ley de Presupuestos Generales del Estado, tendrán derecho a percibir los complementos necesarios para alcanzar la cuantía mínima de las pensiones, siempre que residan en territorio español, en los términos que legal o reglamentariamente se determinen (art. 59 de la LGSS).

8.1. Requisitos para recibir complementos por mínimos en las pensiones

El complemento a mínimos es el importe suplementario a las pensiones generadas por las cotizaciones de los interesados a fin de alcanzar la «cuantía mínima» de las pensiones, no respondiendo al objetivo de sustituir una renta, sino al asistencial de paliar una situación de necesidad. Su reconocimiento no atiende a los parámetros de la pensión [alta, carencia, cotizaciones, etc.], sino exclusivamente a la falta de ingresos económicos. Su propia denominación —«complementos»— pone de manifiesto que no tienen sustantividad propia, sino la accesoria de acompañantes de la pensión que suplementan. (STS, rec. 1726/2009, de 22 de abril de 2010, ECLI:ES:TS:2010:2381).

Para el acceso a los complementos por mínimo es necesario que los prestacionistas no perciban durante 2024 rendimientos del trabajo, del capital o de actividades económicas y ganancias patrimoniales, de acuerdo con el concepto establecido para dichas rentas en el Impuesto sobre la Renta de las Personas Físicas y computados conforme al art. 59 de la LGSS, o que, percibiéndolos:

- **No excedan de 8.942,00 euros al año** (art. 78.10 y anexo IV de Real Decreto-ley 8/2023, de 27 de diciembre).

- Cuando la suma, en cómputo anual, de los rendimientos referidos en el apartado anterior y los correspondientes a la pensión resulte inferior a la suma de 8.942,00 euros más el importe, también en cómputo anual, de la cuantía mínima fijada para la clase de pensión de que se trate, se reconocerá un complemento igual a la diferencia, distribuido entre el número de mensualidades en que se devenga la pensión.

- Para tener derecho al complemento para alcanzar la cuantía mínima de las pensiones, será necesario:

  - **Con respecto a las pensiones causadas a partir de 1 de enero de 2013**: será necesario residir en territorio español. Se entenderá que el beneficiario tiene su residencia habitual en España, aun cuando haya tenido estancias en el extranjero, siempre que estas no superen los noventa días naturales a lo largo de cada año natural, o cuando la ausencia del territorio español esté motivada por causas de enfermedad debidamente justificadas (art. 51.2 y 59.1 de la LGSS).

  - **Para las pensiones causadas a partir de la indicada fecha**: el importe de dichos complementos en ningún caso podrá superar la cuantía establecida en cada ejercicio para las pensiones de jubilación e invalidez en su modalidad no contributiva.

Del mismo modo, debemos tener en cuenta:

- Las personas pensionistas que a lo largo del ejercicio 2024 perciban rentas acumuladas superiores al límite a que se refiere el apartado anterior, estarán obligadas a comunicar tal circunstancia a las entidades gestoras en el plazo de un mes desde que se produzca.

- Para acreditar las rentas e ingresos las entidades gestoras de la Seguridad Social podrán, en todo momento, requerir a las personas perceptoras de complementos por mínimos una declaración de estos, así como de sus bienes patrimoniales. Todo ello sin perjuicio de la solicitud de información que proceda efectuar a la Agencia Estatal de Administración Tributaria [art. 71.1 a) de la LGSS].

- Cuando la pensión reconocida sea complementada en el importe necesario para alcanzar las cuantías mínimas fijadas y se comprobara posteriormente que los rendimientos percibidos por la persona pensionista durante el año de 2024, en cómputo anual e independientemente de la fecha de su percibo y de que este haya sido periódico o en pago único, han superado el límite previsto, los importes abonados en concepto de complemento por mínimos durante todo el año natural tendrán la consideración de indebidamente percibidos (con independencia de haber notificado la percepción de rentas superiores).

- Cuando la **pensión de orfandad** causada a partir de 1 de enero de 2013 se incremente en la cuantía de la **pensión de viudedad**, el límite de la cuantía de los complementos por mínimos solo quedará referido al de la pensión de viudedad que genere el incremento de la pensión de orfandad.

- Las personas pensionistas de **gran invalidez** que tengan reconocido el complemento destinado a remunerar a la persona que le atiende no resultarán afectadas por el límite cuantitativo establecido.

- Cuando el complemento por mínimos de pensión se solicite con posterioridad al reconocimiento de aquella, surtirá efectos a partir de los tres meses anteriores a la fecha de la solicitud, siempre que en ese momento se reunieran todos los requisitos para tener derecho al mencionado complemento.
- Según la D.T. 27.ª de la LGSS:
  - La limitación prevista en el art. 59.2 de la LGSS con respecto a la cuantía de los complementos necesarios para alcanzar la cuantía mínima de pensiones, no se aplicará en relación con las pensiones que hubieran sido causadas con anterioridad a 1 de enero de 2013.
  - Asimismo, el requisito de residencia en territorio español a que hace referencia el art. 59.1 de la LGSS para tener derecho al complemento para alcanzar la cuantía mínima de las pensiones, se exigirá para aquellas pensiones cuyo hecho causante se produzca a partir del día 1 de enero de 2013.

JURISPRUDENCIA

STS n.º 1146/2023, de 12 de diciembre del 2023, ECLI:ES:TS:2023:5394

Una subvención para rehabilitación de fachada no computa a los efectos del complemento por mínimo de jubilación.

8.2. Cónyuge a cargo a efectos del reconocimiento de los complementos por mínimos en las pensiones de la Seguridad Social

La existencia de cónyuge a cargo del titular de una pensión causa efectos sobre el reconocimiento de las cuantías mínimas establecidas, cuando aquél **se halle conviviendo con el pensionista y dependa económicamente de** él.

Se entenderá que existe dependencia económica cuando concurran las circunstancias siguientes (art. 43.Tres de la LPGE 2023):

a) Que el cónyuge del pensionista no sea, a su vez, titular de una pensión a cargo de un régimen básico público de previsión social, entendiendo comprendidos en dicho concepto las pensiones reconocidas por otro Estado así como los subsidios de garantía de ingresos mínimos y por ayuda de tercera persona, ambos previstos en el texto refundido de la Ley General de derechos de las personas con discapacidad y de su inclusión social, aprobado por el Real Decreto Legislativo 1/2013, de 29 de noviembre, y las pensiones asistenciales reguladas en la Ley 45/1960, de 21 de julio, por la que se crean determinados Fondos Nacionales para la aplicación social del impuesto y del ahorro.

b) Que los rendimientos por cualquier naturaleza del pensionista y de su cónyuge, computados en la forma señalada resulten **inferiores a 10.430,00 euros anuales**.

> **A TENER EN CUENTA.** Cuando la suma, en cómputo anual, de los rendimientos referidos en el párrafo anterior y del importe, también en cómputo anual, de la pensión que se vaya a complementar resulte inferior a la suma de 10.048,00 euros y de la cuantía anual de la pensión mínima con cónyuge a cargo de que se trate, se reconocerá un complemento igual a la diferencia, distribuido entre el número de mensualidades que corresponda.

Cónyuge no a cargo: se considerará que existe **cónyuge no a cargo** de la persona titular de una pensión, a los efectos del reconocimiento de las cuantías mínimas establecidas, cuando aquel o aquella se halle conviviendo con la persona pensionista y no dependa económicamente de ella en los términos previstos en el apartado anteriormente.

Mejora de las pensiones de menor cuantía a favor de las unidades familiares unipersonales

Unidad económica unipersonal: se considerará que la persona pensionista constituye una unidad económica unipersonal (D.A. 24.ª de la Ley 40/2007, de 4 de diciembre), cuando, acreditando derecho a complemento por mínimos en atención a sus ingresos, conforme a lo dispuesto anteriormente, no se encuentre comprendido en ninguno de los supuestos previstos en los apartados anteriores.

Los perceptores de pensiones contributivas del sistema de la Seguridad Social por las contingencias de jubilación, incapacidad permanente y viudedad, que formen una unidad económica unipersonal, y que tengan que hacer frente con su pensión al mantenimiento de un hogar, experimentarán durante los próximos cuatro años subidas adicionales de su complemento para mínimos, que les permitan alcanzar en ese periodo los niveles de renta mínimos necesarios para el sostenimiento de su hogar. En la adopción de esta medida se tendrán en cuenta los ingresos de que disponga el pensionista, así como el patrimonio, excluida su vivienda habitual.

La financiación del complemento a mínimos se realizará con cargo a la aportación de los Presupuestos Generales del Estado a la Seguridad Social.

8.3. Residencia en territorio español para el acceso a los complementos por mínimos de las pensiones

De acuerdo con lo dispuesto en el art. 59.1 de la LGSS, los beneficiarios de pensiones contributivas del sistema de la Seguridad Social, que no perciban rendimientos del trabajo, del capital o de actividades económicas y ganancias patrimoniales, de acuerdo con el concepto establecido para dichas rentas en el Impuesto sobre la Renta de las Personas Físicas, o que, percibiéndolos, no excedan de la cuantía que anualmente establezca la correspondiente Ley de Presupuestos Generales del Estado, tendrán derecho a percibir los complementos necesarios para alcanzar la cuantía mínima de las pensiones, siempre que residan en territorio español, en los términos que legal o reglamentariamente se determinen.

Se entenderá que el beneficiario de los complementos a mínimos tiene su residencia habitual en España aun cuando haya tenido estancias en el extranjero siempre que éstas no superen los 90 días a lo largo de cada año natural, o cuando la ausencia de territorio español esté motivada por causas de enfermedad debidamente justificadas.

No obstante, lo dispuesto en el párrafo anterior, a efectos de las prestaciones y subsidios por desempleo, será de aplicación lo que determine su normativa específica.

JURISPRUDENCIA

STS n.º 157/2023, 22 de febrero del 2023, ECLI:ES:TS:2023:860

Se analiza la fecha de efectos económicos que corresponde a un complemento por mínimos cuando existe una primera solicitud que no ha sido resuelto por la Entidad Gestora, presentándose nueva reclamación que concluye con reconocimiento de la prestación, con base en los mismos datos fácticos y jurídicos que soportaban la primera.

«(...) la parte actora formuló una primera solicitud, mediante el escrito -formulario- que sobre declaración de ingresos y/o acreditación de la residencia a efectos del complemento por mínimos, presentó con fecha 27 de enero de 2017 que, ciertamente, no fue resuelta ni, por ende, emitida resolución expresa dentro de los plazos que marca el RD 286/2003, de 7 de marzo, siendo reproducida dicha petición el 6 de junio de 2018. Finalmente y en vía del presente procedimiento, le ha sido estimado, reconociendo su derecho al complemento por mínimos, sin que nadie hubiera alegado, ni tampoco conste, que dicho reconocimiento lo haya sido por circunstancias novedosas que pudieran no haber existido cuando se formuló la primera solicitud (noviembre de 2017) y que con la segunda (junio de 2018) hubieran alterado la situación económica del beneficiario, a valorar, conforme a las reglas establecidas para el obtener el complemento por mínimos para las pensiones reconocidas en aplicación de normas internacionales, fijadas en los RRDD anuales sobre revalorizaciones de las pensiones de la Seguridad Social».

Consecuencia de lo anterior, los efectos económicos del complemento por mínimos se retrotraen a la primera solicitud.

9.
¿CÓMO SOLICITAR LA PENSIÓN DE JUBILACIÓN?

El modelo para la «solicitud de la pensión de jubilación» se encuentra disponible para su descarga en el portal de la seguridad social. Este modelo puede presentarse ante la Dirección Provincial del INSS correspondiente, enviarlo por correo ordinario o cubrirse telemáticamente mediante la Sede Electrónica de la Seguridad Social.

Siguiendo el modelo oficial, el futuro prestacionista deberá complementar una serie de datos personales, sobre su situación laboral y fiscal, relacionadas con el tipo de pensión que se solicite y los necesarios para el reconocimiento de días cotizados por parto, beneficios en la cotización por cuidado de hijos o menores o el complemento para la reducción de la brecha de género.

El mismo formulario permite también consignar distintas situaciones tratadas a lo largo de la obra. Tratamos las distintas partes de la solicitud (modelo oficial de solicitud de jubilación. TGSS. 19/08/2024):

Datos generales (a cumplimentar en todos los casos)

|| Datos personales

En este apartado se consignarán los datos del solicitante y los de su representante o, en caso de discapacidad, los datos del guardador, curador o defensor judicial.

Los datos sobre separación y divorcio del solicitante son información operante a efectos fiscales (cálculo del porcentaje de retención de IRPF de la pensión) excepto en los territorios forales.

Este punto contempla datos concretos para ciertos supuestos:

- En aquellos supuestos en los que para formular la solicitud la persona interesada necesite medidas de apoyo que requieran la intervención de un guardador de hecho, o en su caso, de un curador/defensor judicial.
- En el caso de que la petición no se formule en nombre propio sino a través de representante.

|| Situación laboral

Englobando la recogida de información en distintos supuestos:

- Sobre la situación en el momento de acceso a la prestación (jubilarse en la fecha del cese de actividad, acceso desde el desempleo, traslado al extranjero, paso a jubilación activa, etc.). Debe consignar la fecha de su último día de trabajo, teniendo en cuenta que esa fecha coincidirá con el día de la jubilación, ya que, de reconocerse la pensión, los efectos económicos de ésta serán al día siguiente.
- En caso de demora de la jubilación.
- Especificar si se ha cotizado a lo largo de la vida laboral a las Clases Pasivas del Estado.
- Especificar si se va a seguir trabajando en la misma empresa a tiempo parcial.
- Posible aplicación de la normativa vigente antes del 01/01/2024.
- Comunicación de inicio de actividad laboral simultánea a la condición de pensionista (jubilación activa, jubilación flexible, posibilita compatibilizar el 100 % del importe de la pensión de jubilación con el trabajo por cuenta ajena y por cuenta propia de quienes desarrollen una actividad artística o con el trabajo por cuenta ajena y la actividad por cuenta propia que desempeñen los autores de obras literarias, artísticas o científicas, actividad como facultativo de atención primaria adscrito al sistema nacional de salud, o suspensión de pensión). Este campo supone la necesidad de cubrir una declaración de actividad.

|| Datos para solicitar el reconocimiento de beneficios por cuidado de hijos/adoptados o menores acogidos, y el complemento para la reducción de la brecha de género y días cotizados por parto

Como hemos analizado, la administración solita información para:

«**Reconocimiento de días cotizados por parto:** exclusivamente cuando la solicitante sea mujer, se podrán computar como periodo cotizado 112 días por cada parto y aborto de más de 6 meses, aunque no se estuviese en situación de activo. Todos ellos deben figurar inscritos en el Registro Civil para producir efectos.

Beneficios por cuidado de hijos o menores: se podrá computar como periodo cotizado, a todos los efectos excepto para alcanzar el periodo mínimo de cotización, un determinado número de días por el periodo comprendido entre la interrupción de la cotización por extinción de la relación laboral o fin de desempleo entre los 9 meses antes del nacimiento con vida (o los 3 meses antes de la resolución judicial de adopción o la decisión administrativa o judicial de acogimiento) y la finalización del sexto año posterior al nacimiento, adopción o acogimiento. Sólo se reconocerá a un progenitor, por lo que en caso de controversia se otorgará el derecho a la madre.

Complemento para la reducción de la brecha de género: para pensiones causadas a partir de 4/2/2021, si se cumplen los requisitos establecidos legalmente, se podrá reconocer, siempre que se solicite, un complemento para la reducción de la brecha de género a los hombres o mujeres que hayan tenido uno o más hijos nacidos con vida o adoptados cuyo nacimiento o adopción se hubiera producido con anterioridad a la fecha en que se jubila».

CUESTIÓN

¿Cómo se especifica la solicitud o disfrute del complemento para la reducción de la brecha de género o del beneficio por cuidado de hijos o menores acogidos por otro progenitor y no por el solicitante?

El modelo oficial permite cumplimentar los datos del otro progenitor en caso de solicitar el complemento para la reducción de la brecha de género o el beneficio por cuidado de hijos o menores acogidos (solicitante hombre). Esto requiere la firma del otro progenitor, adoptante o acogedor dando conformidad para que el beneficio por cuidado de hijos se aplique a favor del titular de esta prestación (salvo en caso de inexistencia o fallecimiento del mismo).

Datos relacionados con la pensión jubilación relacionados con ingresos, cónyuge o ascendientes

A efectos de complementos para pensiones inferiores a la mínima son necesarios los importes que usted o su cónyuge vayan a obtener previsiblemente en el año en curso, así como los datos identificativos de su cónyuge. Esta información también es necesaria para estudiar, en su caso, el derecho a la jubilación anticipada voluntaria.

A efectos fiscales se solicitan los datos necesarios para calcular correctamente la retención por IRPF. Su declaración es voluntaria y puede optar por suministrar estos datos directamente a la administración tributaria; si los cumplimenta se entenderá que presta su consentimiento para que puedan ser tratados informáticamente con esa finalidad.

CUESTIÓN

¿Es obligatorio cubrir los datos fiscales?

Su declaración es voluntaria y puede optar por suministrar estos datos directamente a la administración tributaria; si los cumplimenta se entenderá que presta su consentimiento para que puedan ser tratados informáticamente con esa finalidad.

Otros datos

La solicitud permite indicar la lengua cooficial en la que desea recibir su correspondencia y otro domicilio a efectos de notificaciones.

Alegaciones y consentimiento tramitación electrónica

Si quiere añadir algo que considere importante para tramitar su pensión y no vea recogido en el formulario, póngalo en este apartado de la forma más breve y concisa posible.

El Instituto Nacional de la Seguridad Social solicita su consentimiento para consultar y recabar electrónicamente los datos o documentos que se encuentren en poder de cualquier Administración, cuyo acceso no esté previamente amparado por la ley y que sean necesarios para resolver su solicitud y gestionar, en su caso, la prestación que pudiera reconocerse. En caso de no dar su consentimiento deberá aportar (dentro de 10 días hábiles) los documentos necesarios para resolver su solicitud y gestionar la prestación.

|| Datos bancarios

El titular de la cuenta debe ser en todo caso el solicitante, aun cuando necesite medidas de apoyo judiciales, el error o la falta de este dato impediría el pago de la prestación:

> **CUESTIÓN**
>
> **¿Qué sucederá si a la hora de solicitar la pensión de jubilación los datos bancarios se consignan con errores o no se aportan?**
>
> El propio formulario de solicitud advierte de la necesidad de poner «especial cuidado al rellenar las casillas de la cuenta bancaria». El error o la falta de este dato impediría el pago de la prestación.

Datos concretos según la modalidad de jubilación (a cumplimentar en función de la modalidad de jubilación solicitada)

En caso de acceso a la jubilación activa de trabajadores por cuenta ajena o de la compatibilidad de la jubilación con la actividad como facultativo de atención primaria deberá aportarse una conformidad de la empresa con firma y sello.

Documentación a adjuntar

|| En todos los casos

- Acreditación de identidad del solicitante, guardador de hecho/curador/defensor judicial, representante y demás personas que figuran en la solicitud mediante la siguiente documentación:
  - Españoles: Documento Nacional de Identidad (DNI).
  - Extranjeros residentes o no residentes en España: TIE (Tarjeta de identidad de Extranjero); o Pasaporte (o, en su caso, documento de identidad vigente en su país) y NIE (Número de Identificación de Extranjero) exigido por la AEAT a efectos de pago.
- En aquellos supuestos en los que la solicitud haya sido presentada por una persona que presta medidas de apoyo a personas con discapacidad, la documentación acreditativa correspondiente. En caso de guardador de hecho, certificado de empadronamiento o documentación que acredite convivencia; en caso curador/defensor judicial, la resolución judicial.
- Documentación acreditativa de la representación. Los apoderados inscritos en el registro electrónico de apoderamientos no necesitan acompañar documento acreditativo.

|| En todas las modalidades de jubilación (no afecta al autónomo)

* Se aplicará la normativa vigente antes del 01/01/2013 si la extinción de la relación laboral se produjo antes del 01/04/2013, o si acredita documentalmente la suspensión o extinción de la relación laboral por expediente de regulación de empleo, convenio o acuerdo colectivo o procedimiento concursal, aprobados o suscritos antes del 1-4-2013. Se aplicará la normativa vigente a partir del 01/01/2013 en caso contrario.

|| En casos de jubilación parcial (no afecta al autónomo)

* Certificación de empresa sobre datos laborales del jubilado parcial y del trabajador relevista.
* Certificado de discapacidad igual o superior al 33 %, en su caso.

|| En casos de jubilación anticipada

* Por discapacidad en grado igual o superior al 45 por ciento por enfermedad listada en el RD 1851/2009
  – Informe médico en el que conste la afectación de la persona trabajadora por alguna de las patologías generadoras de discapacidad a las que se refiere el Real Decreto 1851/2009 y la fecha en que se ha iniciado o se ha manifestado la patología.
  – Certificado de discapacidad y grado reconocido expedido por el IMSERSO u organismo competente, que acredite que dicha discapacidad es consecuencia de una de las enfermedades listadas en el citado Real Decreto, así como fecha en que se ha iniciado o se ha manifestado la discapacidad.
  – En su caso, acreditación de la necesidad de ayuda de terceras personas o por movilidad reducida, expedido por el IMSERSO u organismo competente.
* Con bonificación de edad por razón de la actividad
  – Si ha trabajado en alguna actividad que tenga reconocida bonificación de edad: certificado de empresa o empresas donde consten la categoría profesional y los períodos trabajados en ese puesto, o cartilla de embarque y desembarque para el ISM.

|| A efectos de complementos para pensiones inferiores a la mínima

* En el caso de extranjeros residentes en España: certificado de inscripción en el Registro Central de Extranjeros o Tarjeta de Identidad de Extranjeros.
* Libro de familia, actas del Registro Civil o certificado oficial que acrediten el parentesco del cónyuge con el solicitante, en su caso.

Para acreditar las distintas circunstancias que pueden afectar a la prestación

- A efectos del posible reconocimiento de los días cotizados por partos, del beneficio por cuidado de hijos/adoptados o menores acogidos, de la compensación para la reducción de la brecha de género/complemento de maternidad, así como a efectos fiscales, el certificado del Registro Civil o Libro de familia, resolución judicial de adopción o decisión administrativa o judicial de acogimiento que acrediten, según el caso, los nacimientos, abortos, adopciones o acogimientos que haya alegado. En el caso de adopciones internacionales constituidas por autoridades extranjeras deberá acreditarse que las mismas han surtido efectos en España con arreglo a las disposiciones de la Ley de Adopción Internacional.

- Certificado del Servicio Público de Salud acreditativo del desempeño de actividad como facultativo de atención primaria adscrito al Sistema Nacional de Salud.

¿Cómo hacer reclamaciones a la Seguridad Social en caso de disconformidad con la pensión de jubilación o su denegación?

Analizados los distintos requisitos de cotización, edad, hecho causante y las múltiples posibilidades de jubilación, es posible que se den supuestos concretos como:

1. Denegación de la pensión de jubilación.
2. Error en el cálculo de la pensión de jubilación.
3. Falta de aplicación de normativa anterior más beneficiosa para causar derecho a pensión de jubilación.
4. Denegación del complemento a mínimos.
5. Denegación del complemento para la reducción de la brecha de género.
6. Denegación de la pensión de jubilación anticipada parcial.
7. Etc.

De acuerdo con el Real Decreto 286/2003, de 7 de marzo (en consonancia con el art. 21 de la Ley 39/2015, de 1 de octubre), el plazo máximo para resolver y notificar en el procedimiento de pensión de jubilación en su modalidad contributiva (y no contributiva) es de **90 días contados desde la fecha en la que su solicitud se ha presentado o ha tenido entrada en el registro electrónico del organismo correspondiente.**

Transcurrido dicho plazo sin haber sido notificada la resolución, podrá entender que su petición ha sido **desestimada por silencio administrativo**, en cuyo caso podrá presentar **reclamación previa** de acuerdo con lo establecido en el art. 71 de la LRJS.

Formulada reclamación previa, la entidad deberá contestar expresamente a la misma en el **plazo de cuarenta y cinco días**. En caso contrario se entenderá denegada la reclamación por silencio administrativo y podrá presentarse **demanda en materia de prestaciones de Seguridad Social**.

La demanda habrá de formularse en el **plazo de 30 días**, a contar desde la fecha en que se notifique la denegación de la reclamación previa o desde el día en que se entienda denegada por silencio administrativo.

CUESTIONES

1. ¿Qué es el silencio administrativo?

El art. 21 de la Ley 39/2015 del Procedimiento Administrativo Común de las Administraciones Públicas establece que «(...) la administración está obligada a dictar resolución expresa y a notificarla en todos los procedimientos cualquiera que sea su forma de iniciación».

El silencio administrativo, regulado en la actualidad en los artículos 24 y 25 de la Ley 39/2015, de 1 de octubre, se puede definir, siguiendo el Diccionario del español jurídico de la RAE y el CGPJ, como «la estimación o desestimación tácita que la ley anuda al silencio de la Administración respecto de la petición de un ciudadano, una vez transcurrido el plazo legalmente establecido».

El silencio administrativo puede tener dos sentidos: negativo o positivo. Siguiendo la misma fuente que la recurrida para la definición del silencio administrativo, tenemos las siguientes descripciones:

- Silencio administrativo negativo: «Efecto desestimatorio que tiene la falta de resolución de la Administración sobre las pretensiones de los particulares en los procedimientos iniciados de oficio de los que pudiera derivarse el reconocimiento o, en su caso, la constitución de derechos u otras situaciones jurídicas individualizadas».

- Silencio administrativo positivo: «Efecto estimatorio, que en general tiene la falta de respuesta por aparte de la Administración sobre una solicitud dirigida por un interesado a aquella, salvo que una norma con rango de ley o norma de derecho comunitario europeo establezca lo contrario».

En el caso de la solicitud de pensión de jubilación nos encontraríamos ante un silencio administrativo negativo cuando en el plazo de 90 días no tenemos respuesta a la solicitud.

2. ¿Qué es la reclamación previa?

La reclamación administrativa previa ante la entidad gestora de las prestaciones de Seguridad Social, regulada en el art. 71 de la LRJS, será requisito necesario para formular demanda en materia de prestaciones de Seguridad Social.

3. ¿Qué procedimiento debe seguirse para la presentación de una demanda por jubilación?

El procedimiento a seguir será el estipulado en los arts. 80 a 101 de la Ley de la Jurisdicción Social, con las especialidades previstas en los artículos 140 y siguientes de la citada norma, relativos a las prestaciones de la Seguridad Social.

ANEXO.
FORMULARIOS

Formulario de reclamación administrativa previa de pensión de jubilación (extinción de la prestación por jubilación por incompatibilidad con trabajo por cuenta propia)

AL INSTITUTO NACIONAL DE LA SEGURIDAD SOCIAL DELEGACIÓN PROVINCIAL DE [PROVINCIA]

D./D.ª [NOMBRE_TRABAJADOR_A], mayor de edad, con DNI n.º [DNI_TRABAJADOR], afiliado a la Seguridad Social n.º [NÚM_SEG_SOCIAL_TRABAJADOR], y domiciliado en [DOMICILIO_TRABAJADOR], ante esa DIRECCIÓN PROVINCIAL DEL INSTITUTO NACIONAL DE LA SEGURIDAD SOCIAL comparezco y

EXPONGO

Mediante el presente escrito, interpongo en tiempo y forma **RECLAMACIÓN ADMINISTRATIVA PREVIA** a la vía judicial social conforme a lo establecido en el artículo 71 de la Ley Reguladora de la Jurisdicción Social, contra la resolución de ese Instituto Nacional de la Seguridad Social de fecha [DÍA] de [MES] de [AÑO], dictada en el expediente n.º [NÚMERO], notificada a este reclamante el [DÍA] de [MES] de [AÑO], en la que se le extingue pensión de jubilación.

Este reclamante considera no ajustada a derecho dicha resolución en base a los siguientes:

MOTIVOS

PRIMERO. He estado afiliado al sistema de la Seguridad Social desde el [DÍA] de [MES] de [AÑO], habiendo permanecido en alta y cotizando al Régimen General de la Seguridad Social durante los períodos siguientes: [ESPECIFICAR].

SEGUNDO. Con efectos de día [DÍA] de [MES] de [AÑO], fecha en la que cumplí los [NÚMERO] años (1), solicité del Instituto Nacional de la Seguridad Social la correspondiente pensión de jubilación regulada en los artículos 204 y siguientes de la Ley General de la Seguridad Social, la que se me concedió sobre un importe de [CANTIDAD] euros con fecha de efectos de [DÍA] de [MES] de [AÑO] (adjunto resolución como doc. n.º 1).

TERCERO- El [DÍA] de [MES] de [AÑO], siendo ya perceptor de la pensión de jubilación, realicé una serie de trabajos por cuenta propia durante el periodo comprendido entre [FECHA] y [FECHA], consistentes en:

– [ESPECIFICAR]. (adjunto como doc. n.º 2 [ESPECIFICAR]) (2)

– [ESPECIFICAR]. (adjunto como doc. n.º 3 [ESPECIFICAR]) (2)

CUARTO. Por motivo de las actividades descritas el Instituto Nacional de la Seguridad Social (Delegación Provincial de [ESPECIFICAR]) me ha notificado mediante Resolución de [FECHA], la extinción de mi pensión de jubilación por incompatibilidad con la condición de trabajador por cuenta propia.

QUINTO. En dicha resolución no se ha tenido en cuenta la posibilidad de compatibilizar el percibo de la pensión con la realización de trabajos por cuenta propia cuyos ingresos anuales totales no superen el salario mínimo interprofesional, en cómputo anual.

SEXTO. En el ejercicio [FECHA] por la realización de trabajos por cuenta propia he percibido la cantidad de [EUROS], sin superar en ningún momento la cantidad, en cómputo anual del salario mínimo interprofesional para el año [AÑO] fijada en [CANTIDAD], euros según el Real Decreto [NÚMERO], de [FECHA], por el que se fija el salario mínimo interprofesional para [AÑO] (3) (adjunto como doc. n.º 4 [ESPECIFICAR]) (4)

Por lo expuesto,

SUPLICO A ESTA DIRECCIÓN PROVINCIAL DEL INSTITUTO NACIONAL DE LA SEGURIDAD SOCIAL:

Tenga por presentado este escrito con su copia y documento anexo se sirva admitirlo, tenga por interpuesta, en tiempo y forma, **RECLAMACIÓN ADMINISTRATIVA PREVIA** a la vía jurisdiccional social contra la resolución del INSS de fecha [DÍA] de [MES] de [AÑO] y, previos los trámites oportunos, proceda a dictar nueva resolución por la que, estimando la solicitud, reconozca mi derecho a percibir la pensión de jubilación, en el porcentaje del [PORCENTAJE], de la base reguladora de [CANTIDAD] euros, por ser todo ello conforme a justicia y derecho.

En [PROVINCIA], a [DÍA] de [MES] de [AÑO].

[FIRMA]

---

(1) Las modificaciones realizadas en la Ley General de la Seguridad Social establecen como requisito para alcanzar el derecho a la pensión de jubilación, en su modalidad contributiva, que las personas incluidas en este Régimen General hayan cumplido 67 años (de forma progresiva hasta el 2027), o 65 años cuando se acrediten 38 años y 6 meses de cotización, sin que se tenga en cuenta la parte proporcional correspondiente a las pagas extraordinarias (art. 205 LGSS).

(2) Especificar actividad realizada y medio de prueba de los ingresos obtenidos por la misma.

(3) Consultar Salario Mínimo Interprofesional año 2023

(4) A modo de ejemplo: «Declaración de la Renta del ejercicio [AÑO]»; «Modelo 390. IVA. Declaración Resumen Anual», etc.

Modelo de comunicación actividades incompatibles con la pensión de jubilación

AL INSTITUTO NACIONAL DE LA SEGURIDAD SOCIAL DE [PROVINCIA]

D./D.ª [NOMBRE_PRESTACIONISTA], mayor de edad, [EDAD_PRESTACIONISTA], con DNI n.º [DNI_PRESTACIONISTA], domiciliado a efectos de notificación en [DOMICILIO], ante ese INSS comparece y

EXPONE

PRIMERO. Que soy pensionista de jubilación desde el [DÍA] de [MES] de [AÑO]. Reconocida mediante resolución administrativa de [DÍA] de [MES] de [AÑO].

SEGUNDO. Que, con efectos al próximo día [DÍA] de [MES] de [AÑO], he sido contratado para realizar funciones de [ESPECIFICAR] en la empresa [NOMBRE_EMPRESA], domiciliada en [DOMICILIO_SOCIAL], provincia de [PROVINCIA], mediante contrato temporal de un año de duración.

TERCERO. Que el ejercicio retribuido de la actividad para la que he sido contratado es incompatible con la prestación de jubilación que actualmente percibo durante el tiempo que dure la citada relación laboral, según dispone el artículo 213 de la Ley General de la Seguridad Social y el artículo 16 de la Orden de 18 de enero de 1967 por la que se establecen normas para la aplicación y desarrollo de la prestación de vejez en el Régimen General de la Seguridad Social.

CUARTO. Que, en cumplimiento de lo dispuesto en el artículo 16.2 de la mencionada Orden de 18 de enero de 1967, comunico la incompatibilidad de la pensión de jubilación que vengo percibiendo con el ejercicio de la mencionada actividad.

Por lo expuesto

SOLICITA a este Instituto Nacional de la Seguridad Social que teniendo por presentado este escrito, y por hechas las manifestaciones en el mismo contenidas, tenga por formulada en tiempo y forma la preceptiva comunicación de inicio temporal de nueva actividad.

Es justicia que pido en [PROVINCIA], a [DÍA] de [MES] de [AÑO].

[FIRMA]

Comunicación extinguiendo el contrato ante la jubilación del empresario

En [LOCALIDAD], a [DÍA] de [MES] de [AÑO].

[DATOS_EMPRESA].

Sr./Sra. D./D.ª [NOMBRE_PERSONA_TRABAJADORA].

Muy Señor/a mío/a:

Sirva la presente para comunicarle que, con fecha de [DÍA] de [MES] de [AÑO], pasaré a la condición de jubilado, retirándome totalmente de mis actividades profesionales y, por no haber encontrado continuador para las mismas, he decidido cerrar la empresa. Dando por terminada, a fecha de hoy y, en virtud de lo establecido en el artículo 49.1.g) del Real Decreto Legislativo 2/2015, de 23 de octubre, por el que se aprueba el texto refundido de la Ley de Estatuto de los Trabajadores, la relación laboral que nos unía (1).

Desde este mismo momento, pongo a su disposición la cuantía de [CANTIDAD] euros, de los que [CANTIDAD] euros corresponden a la liquidación de partes proporcionales, y [CANTIDAD] euros en concepto de la mensualidad que, como indemnización por el cese, le corresponde en la sección financiera de la empresa.

Sirviendo la presente comunicación para acreditar la situación legal de desempleo y la percepción de las correspondientes prestaciones.

Sin otro particular que comunicarle y agradeciéndole los servicios prestados, se despide,

Atentamente,

[FIRMA_Y_SELLO]

Recibí:

[FIRMA]

D./D.ª [NOMBRE_PERSONA_TRABAJADORA].

---

(1) No opera el art. 49.1.g) del ET, y no pueden ser válidamente extinguidos los contratos de trabajo si el negocio continúa después de la jubilación, bien sea por haber sido transmitido a otra persona o entidad, o por nombrar el jubilado, conservando la propiedad del negocio un gerente o encargado que lo dirija o explote, o por seguir llevando él la dirección de la empresa, ya que el precepto establece "sin perjuicio de lo dispuesto en el art. 44 del Estatuto de los Trabajadores; Todo ello conlleva que si se efectúa la transmisión de la empresa de acuerdo con este art. 44 del ET, los contratos de trabajo perviven y lo mismo sucede cuando la empresa continúa después de la jubilación, sin necesidad de que se haya transmitido a otro empresario. Establece la jurisprudencia que la razón esencial de esta extinción de las relaciones laborales no se centra tanto en la concurrencia de la jubilación del empresario individual, como en el hecho de que ésta haya determinado la desaparición o cese de la actividad empresarial. Se produce así un doble encadenamiento causal: la jubilación del empresario ocasiona el cierre de la explotación, y este cierre, provocado por aquella causa, justifica la extinción de los contratos de trabajo.

Formulario de demanda genérico para la reclamación de una pensión de jubilación

AL JUZGADO DE LO SOCIAL NÚMERO [NÚMERO] **DE** [PROVINCIA]

D/D.ª [NOMBRE_ABOGADO_CLIENTE] (1), (graduado social/abogado) en ejercicio, con tarjeta de identidad profesional [NÚMERO] y domicilio a efectos de notificaciones en [DOMICILIO_DESPACHO], actuando en nombre de D/D.ª [NOMBRE_CLIENTE], representación que acredito con copia de escritura de poder que acompaño, con el ruego de su devolución, testimoniada que lo sea, ante el juzgado comparezco y, como mejor en derecho proceda,

DIGO

Que por medio del presente escrito interpongo **DEMANDA SOBRE SEGURIDAD SOCIAL EN MATERIA DE JUBILACIÓN** contra Instituto Nacional de la Seguridad Social, Dirección provincial de [PROVINCIA], con domicilio a efecto de notificaciones en [DOMICILIO].

HECHOS

PRIMERO. D./D.ª [NOMBRE_CLIENTE], nacido el día [DÍA] de [MES] de [AÑO], se encuentra afiliado al Régimen Especial de Trabajadores Autónomos con el [NÚM_SEG_SOCIAL_TRABAJADOR] y en situación de [ESPECIFICAR] en su Régimen.

SEGUNDO. Que mi representado tiene cubierto un período de cotización de [ESPECIFICAR], como se acredita según informe de vida laboral adjunto como doc. núm. 1.

TERCERO. Que el demandante solicitó pensión contributiva de jubilación en fecha de [FECHA].

CUARTO. Tramitado expediente administrativo, por resolución del Instituto Nacional de la Seguridad Social de fecha [DÍA] de [MES] de [AÑO] se acordó denegar el derecho solicitado con fundamento en [ESPECIFICAR]. Contra dicha resolución se interpuso reclamación previa, que fue desestimada [ESPECIFICAR].

QUINTO. Mi cliente acredita los requisitos para acceder a la pensión de jubilación, debiendo ser reconocida sobre una base reguladora mensual en cuantía de [CANTIDAD] euros. En efecto, [DESCRIPCIÓN: supuesto de hecho determinante del derecho].

SEXTO. Frente a dicha resolución mi cliente presentó reclamación previa (2) que fue desestimada por Resolución de [DÍA] de [MES] de [AÑO] de la Dirección Provincial de [PROVINCIA] del Servicio Público de Empleo.

A los anteriores hechos son de aplicación los siguientes:

FUNDAMENTOS DE DERECHO

I. COMPETENCIA Y JURISDICCIÓN

La competencia para el conocimiento de esta pretensión la ostenta el Juzgado de lo Social al que nos dirigimos, tanto por razón de la materia y territorio, así como por la condición de los litigantes, pues así lo establecen los artículos 1.2.o), 6 y 10 de la Ley 36/2011, de 10 de octubre, reguladora de la jurisdicción social, que regula el procedimiento impugnatorio de sanciones

II. CAPACIDAD Y LEGITIMACIÓN

La legitimación la ostenta el prestacionista en base al art. 17.1 de la LJS, donde se establece: «Los titulares de un derecho subjetivo o un interés legítimo podrán ejercitar acciones ante los órganos jurisdiccionales del orden social, en los términos establecidos en las leyes».

En cuanto a la capacidad para ser parte según lo establecido en el art. 16.1 de la LJS.

III. PROCEDIMIENTO

Por tratarse de una materia de seguridad social el procedimiento adecuado sería el establecido en los arts. 80 a 101 de la LRJS, con las particularidades establecidas en los arts. 140 y ss. del mismo texto legal.

IV. RECLAMACIÓN ADMINISTRATIVA PREVIA EN MATERIA DE PRESTACIONES DE SEGURIDAD SOCIAL

El art. 71 de la LRJS, por cuanto establece para «Será requisito necesario para formular demanda en materia de prestaciones de Seguridad Social, que los interesados interpongan reclamación previa ante la Entidad gestora de las mismas».

V. FONDO DEL ASUNTO

Resultan de aplicación los artículos arts. 205; 206; 206 bis; 208; 209, excepto la letra b) del apartado 1; 210; 213, 214, 249 quater y la D.T. 34.ª del Texto Refundido de la Ley General de la Seguridad Social, aprobado por Real Decreto Legislativo 8/2015, de 30 de octubre. La Resolución administrativa combatida es contraria por cuanto que mi poderdante reúne los requisitos generales de [ALTA/ASIMILACIÓN_AL_ALTA] y los específicos de edad y cotización mínima exigible para la jubilación en el Régimen Especial de Trabajadores Autónomos. En efecto, [DESCRIPCIÓN].

En relación con el motivo de la denegación por parte del INSS de la prestación [DESCRIPCIÓN].

Por lo expuesto,

SOLICITO a ese JUZGADO DE LO SOCIAL que, teniendo por presentada esta demanda con sus copias y documentos adjuntos, se sirva admitirla y, en consecuencia, tener formulada demanda en reclamación de la pensión contra el **INSTITUTO NACIONAL DE LA SEGURIDAD SOCIAL** y contra la **TESORERÍA GENERAL DE LA SEGURIDAD SOCIAL** en su representación legal, y tras los trámites de ley, señalar día y hora para celebrar el preceptivo acto de juicio oral, dictándose sentencia en la que se declare el derecho a percibir la pensión de jubilación en el porcentaje de [PORCENTAJE] por 100, de una base reguladora de [CANTIDAD] euros por ser todo ello conforme a justicia y derecho.

En [PROVINCIA] a [DÍA] de [MES] de [AÑO].

[FIRMA]

---

(1) Las partes podrán comparecer por sí mismas o conferir su representación a abogado, procurador, graduado social colegiado o cualquier persona que se encuentre en el pleno ejercicio de sus derechos civiles. La representación podrá conferirse mediante poder otorgado por

comparecencia ante el secretario judicial o por escritura pública. En el caso de otorgarse la representación a abogado deberán seguirse los trámites previstos en el art. 21.2 de la LRJS.

(2) Formulada reclamación previa la entidad deberá contestar expresamente a la misma en el plazo de 45 días. En caso contrario se entenderá denegada la reclamación por silencio administrativo. Tras la denegación, expresa o por silencio administrativo existe un plazo de 30 días para presentar la demanda ante el juzgado de lo social.

Modelo de reclamación administrativa previa solicitando el complemento de pensiones contributivas para la reducción de la brecha de género

A LA DIRECCIÓN PROVINCIAL DEL INSTITUTO NACIONAL DE LA SEGURIDAD SOCIAL DE [PROVINCIA]

D./D.ª [NOMBRE], con DNI núm. [DNI], afiliado a la Seguridad Social núm. [NÚM_SEGURIDAD_SOCIAL], y domiciliado en [DOMICILIO], ante esa DIRECCIÓN PROVINCIAL DEL INSTITUTO NACIONAL DE LA SEGURIDAD SOCIAL comparezco y

DIGO

Que mediante el presente escrito, interpone en tiempo y forma **RECLAMACIÓN ADMINISTRATIVA PREVIA** a la vía judicial social conforme a lo establecido en el artículo 71 de la Ley de Jurisdicción Social, contra la resolución de este Instituto Nacional de la Seguridad Social de fecha [DÍA] de [MES] de [AÑO], dictada en el expediente núm. [NÚM_EXPEDIENTE], notificada a este reclamante el [DÍA] de [MES] de [AÑO], en la que se le deniega el reconocimiento al pago del **complemento para la reducción de la brecha de género sobre mi pensión contributiva de** [JUBILACIÓN, VIUDEDAD O INCAPACIDAD PERMANENTE].

Que, este reclamante considera no ajustada a derecho dicha resolución en base a los siguientes:

MOTIVOS

PRIMERO. Estoy afiliado/a al sistema de la Seguridad Social desde el [DÍA] de [MES] de [AÑO], habiendo permanecido en alta y cotizando al Régimen General de la Seguridad Social durante los períodos siguientes: [ESPECIFICAR], como se acredita según informe de vida laboral adjunto como doc. n.º 1.

SEGUNDO. Con efectos de [DÍA] de [MES] de [AÑO], fecha en la que cumplo los [NÚMERO] años (1), solicito del Instituto Nacional de la Seguridad Social la correspondiente pensión de jubilación (2), la que se concede sujeta a los siguientes parámetros:

- Base reguladora: [CANTIDAD]
- Fecha de efectos: [FECHA]
- Años cotizados reconocidos en vida laboral: [ESPECIFICAR]

TERCERO. Que soy [MADRE/PADRE] de [2.3,4 o más hijos/as], como muestra el libro de familia expedido a mi nombre donde constan (doc. núm. 2):

- D./D.ª [NOMBRE_HIJO_A], nacido el [FECHA]. Tomo [NÚMERO], página [NÚMERO].
- D./D.ª [NOMBRE_HIJO_A], nacido el [FECHA]. Tomo [NÚMERO], página [NÚMERO].
- D./D.ª [NOMBRE HIJO A], nacido el [FECHA]. Tomo [NÚMERO], página [NÚMERO].

- D./D.ª [NOMBRE HIJO A], nacido el [FECHA]. Tomo [NÚMERO], página [NÚMERO].

- [...].

CUARTO. Tramitada, con fecha [FECHA], la solicitud de Complemento de pensiones contributivas para la reducción de la brecha de género, por resolución del Instituto Nacional de la Seguridad Social de fecha [DÍA] de [MES] de [AÑO] se acordó denegar el derecho solicitado con fundamento en [ESPECIFICAR]. (Doc. núm. 3)

La interpretación de la Entidad Gestora es errónea toda vez que: [DESCRIPCIÓN].

QUINTO. Atendiendo al art. 60 del Real Decreto Legislativo 8/2015, de 30 de octubre, por el que se aprueba el texto refundido de la Ley General de la Seguridad Social, aplicable a pensiones desde el 04/02/2021, para lucrar este complemento es necesario: (3)

- Las **mujeres** que hayan tenido uno o más hijos o hijas y que sean beneficiarias de una pensión contributiva de jubilación, de incapacidad permanente o de viudedad, tendrán derecho a un complemento por cada hijo o hija, debido a la incidencia que, con carácter general, tiene la brecha de género en el importe de las pensiones contributivas de la Seguridad Social de las mujeres.

  El derecho al complemento por cada hijo o hija se reconocerá o mantendrá a la mujer siempre que no medie solicitud y reconocimiento del complemento en favor del otro progenitor y si este otro es también mujer, se reconocerá a aquella que sea titular de pensiones públicas cuya suma sea de menor cuantía (art. 60.1 de la LGSS).

- Los **hombres** tendrán derecho al reconocimiento del complemento en caso de concurrir alguno de los siguientes requisitos:

  - Tener reconocida una pensión de viudedad por el fallecimiento del otro progenitor de los hijos o hijas en común, siempre que alguno de ellos tenga derecho a percibir una pensión de orfandad.

  - Causar una pensión contributiva de jubilación o incapacidad permanente y haber interrumpido o haber visto afectada su carrera profesional con ocasión del nacimiento o adopción, con arreglo a las siguientes condiciones:

    » En el supuesto de hijos o hijas nacidos o adoptados hasta el 31 de diciembre de 1994, tener más de ciento veinte días sin cotización entre los nueve meses anteriores al nacimiento y los tres años posteriores a dicha fecha o, en caso de adopción, entre la fecha de la resolución judicial por la que se constituya y los tres años siguientes, siempre que la suma de las cuantías de las pensiones reconocidas sea inferior a la suma de las pensiones que le corresponda a la mujer.

    » En el supuesto de hijos o hijas nacidos o adoptados desde el 1 de enero de 1995, que la suma de las bases de cotización de los veinticuatro meses siguientes al del nacimiento o al de la resolución judicial por la que se constituya la adopción sea inferior, en más de un 15 por ciento, a la de los veinticuatro meses inmediatamente anteriores, siempre que la cuantía de las sumas de las pensiones reconocidas sea inferior a la suma de las pensiones que le corresponda a la mujer.

    » Si los dos progenitores son hombres y se dan las condiciones anteriores en ambos, se reconocerá a aquel que sea titular de pensiones públicas cuya suma sea de menor cuantía.

    » El requisito, para causar derecho al complemento, de que la suma de las pensiones reconocidas sea inferior a la suma de las pensiones que le corresponda al otro progenitor se exigirá en el momento en que ambos progenitores causen derecho a una prestación contributiva en los términos previstos en la norma.

SEXTO. Que, como consecuencia de lo anteriormente expuesto, me corresponde un complemento, que tendrá a todos los efectos naturaleza jurídica de pensión pública contributiva, consistente en un importe de [CANTIDAD] euros por cada hijo o hija, con el límite de cuatro veces dicho importe. En mi caso [CANTIDAD] euros mensuales.

Por lo expuesto,

SOLICITO a esa DIRECCIÓN PROVINCIAL DEL INSTITUTO NACIONAL DE LA SEGURIDAD SOCIAL que teniendo por presentado este escrito con su copia y documentos anexos se sirva admitirlo, tenga por interpuesta, en tiempo y forma, **RECLAMACIÓN ADMINISTRATIVA PREVIA** a la vía jurisdiccional social contra la resolución del INSS de fecha [DÍA] de [MES] de [AÑO] y, previos los trámites de Ley, dictar nueva resolución por la que, estimando la solicitud, reconozca mi derecho a percibir el complemento para la reducción de la brecha de género en las pensiones contributivas de [jubilación, viudedad e incapacidad permanente], en la cuantía de [CANTIDAD] euros, sobre la base reguladora de mi actual pensión de [CANTIDAD] euros, con efectos desde [FECHA].

En [PROVINCIA], a [DÍA] de [MES] de [AÑO].

[FIRMA]

---

(1) Las modificaciones realizadas en la Ley General de la Seguridad Social establecen como requisito para alcanzar el derecho a la pensión de jubilación, en su modalidad contributiva, que las personas incluidas en este Régimen General hayan cumplido 67 años (de forma progresiva hasta el 2027), o 65 años cuando se acrediten 38 años y 6 meses de cotización, sin que se tenga en cuenta la parte proporcional correspondiente a las pagas extraordinarias [artículo 205.1.a) de la LGSS].

(2) El complemento de pensiones contributivas para la reducción de la brecha de género se reconoce a los hombre o mujeres beneficiarios de una pensión contributiva de jubilación, de incapacidad permanente o de viudedad.

(3) Para las pensiones causadas entre el 01/01/2016 y hasta el 03/02/2021 (día anterior a la entrada en vigor de la modificación del art. 60 de la LGSS), quienes estuvieran percibiendo el complemento por maternidad por aportación demográfica, mantendrán su percibo (D.T. 33.ª de la LGSS).